Ganz wichtig ist für dich Folgendes:

Dein neues Buch zeigt dir unten auf den Seiten in grauer Schrift, was du unbedingt lernen musst. Das ist das **Grundwissen**.
Und du kannst sofort erkennen, was nur zur **Übung** dient. Auf diesen Übungsseiten gibt es oft Raumbeispiele und die Aufgaben.

Du musst immer lesen, was ganz unten auf der Seite steht.

Die Seiten zum Grundwissen:

Die fett gedruckten Wörter, die **Grundbegriffe**, werden dir am Ende des Buches im Geo-Lexikon in alphabetischer Reihenfolge noch einmal erklärt.
Die **Info-Kästen** geben dir interessante Informationen.

Grundwissen

Die Seiten zur Übung:

Diese Seiten enthalten interessante Beispiele und Zusatzinformationen, die dir das Lernen erleichtern.

Außerdem findest du hier die Aufgaben.

Aufgaben mit einem Pfeil sind etwas schwieriger zu lösen.

Übung

Übung macht den Meister. So heißt ein altes Sprichwort.

Und ganz am Ende eines jeden Hauptkapitels kannst du dich selbst testen.

Auf den Seiten **Gewusst – gekonnt** sollst du dich selbst testen.
Hier, am Ende des Kapitels, findest du Aufgaben:
- zum **Grundwissen** und Fallbeispielen (**blau** umrandet),
- zu den **Methoden** (**gelb** umrandet),
- zum **Orientierungswissen** (**grün** umrandet) und
- zum **Informationsaustausch** (**rot** umrandet).

Du kannst hier dein Wissen und deine Fertigkeiten überprüfen.

Übung Übung

Online lernen

Durch Eingabe des Karten-Codes unter der Adresse www.diercke.de im Suche-Feld gelangst du auf die passende Doppelseite im Diercke Weltatlas 2008. Die Karten-Codes findest du auf den Schulbuchseiten unten links oder rechts.

Auf www.diercke.de erhältst du Hinweise zu ergänzenden Karten, Informationen zur Karte sowie Zusatzmaterialien.

| Seydlitz | Diercke |

Geographie

Gymnasium Sachsen

9. Klasse

Moderator:
Wolfgang Gerber, Leipzig

Autorin und Autoren:
Kerstin Bräuer, Leipzig
Helmut Fiedler, Leipzig
Roland Frenzel, Glauchau
Wolfgang Gerber, Leipzig
Sascha Kotztin, Meißen
Frank Morgeneyer, Leipzig

Ernst von Seydlitz-Kurzbach (geb. in Tschöplau/Kreis Freystadt) lebte von 1784 bis 1849. Mit der Herausgabe des Lehrbuches „Leitfaden der Geographie" im Jahre 1824 begründete er das traditionsreiche Unterrichtswerk „Seydlitz". Ausführliche Informationen: www.schroedel.de/seydlitz-chronik.

Carl Diercke (geb. in Kyritz, Landkreis Ostprignitz/Preußen) lebte von 1842 bis 1913 und war Pädagoge und Kartograph. Von ihm stammt der bekannte Diercke-Schulatlas, der erstmals 1883 unter dem Namen „Schul-Atlas über alle Teile der Erde" erschien. Weitere Informationen: www.diercke.de.

Titelbild:
Läufer des New-York-Halbmarathons passieren den Times Square.

Mit Beiträgen von:
Svenja Bhatty, Joachim Dietz, Elfriede Eder, Ulrike Gerhard, Henriette Heß, Heidemarie Müller, Thomas Zehrer

Auf verschiedenen Seiten dieses Buches befinden sich Verweise (Links) auf externe Internetadressen.
Haftungshinweis: Trotz sorgfältiger inhaltlicher Kontrolle wird die Haftung für die Inhalte der externen Seiten ausgeschlossen. Für den Inhalt dieser externen Seiten sind ausschließlich deren Betreiber verantwortlich. Sollten Sie bei dem angegebenen Inhalt des Anbieters dieser Seite auf kostenpflichtige, illegale oder anstößige Inhalte treffen, so bedauern wir dies ausdrücklich und bitten Sie, uns umgehend per E-Mail unter www.schroedel.de bzw. www.westermann.de davon in Kenntnis zu setzen, damit beim Nachdruck der Verweis gelöscht wird.

© 2015 Bildungshaus Schulbuchverlage
Westermann Schroedel Diesterweg Schöningh Winklers GmbH, Braunschweig
www.schroedel.de, www.westermann.de
Das Werk und seine Teile sind urheberrechtlich geschützt. Jede Nutzung in anderen als den gesetzlich zugelassenen Fällen bedarf der vorherigen schriftlichen Einwilligung des Verlages.
Hinweis zu § 52a UrhG: Weder das Werk noch seine Teile dürfen ohne eine solche Einwilligung gescannt und in ein Netzwerk eingestellt werden.
Das gilt auch für Intranets von Schulen und sonstigen Bildungseinrichtungen.

Druck A[1] / Jahr 2015
Alle Drucke der Serie A sind inhaltlich unverändert.

Redaktion: Lektorat Eck, Berlin: Katrin Götz, Monique Wanner; Jens Gläser
Satz: Ines Nové, Leipzig
Umschlaggestaltung: Thomas Schröder
Layout: Artbox Grafik & Satz GmbH, Bremen
Druck und Bindung: westermann druck GmbH, Braunschweig

ISBN (Schroedel) 978-3-507-**52984**-7
ISBN (Westermann) 978-3-14-**144829**-0

Inhaltsverzeichnis

Die unterschiedlichen Aufgaben in deinem Geographiebuch 6

1. Angloamerika 8
- Orientierung: Amerika – ein Doppelkontinent 10
- Erschließung und Besiedlung Angloamerikas 12
- Die Bevölkerung Angloamerikas 14
- Orientierung: Großlandschaften Nordamerikas 16
- Methode: Zeichnen eines Profils – lebendiges Profil 18
- Gewässernetz Nordamerikas 20
- Grand Canyon 22
- Klimatische Besonderheiten Nordamerikas 24
- Wetterextreme in Nordamerika 26
- Methode: Auswertung von Statistiken – Materialien kritisch hinterfragen 28
- USA – Wirtschaftsmacht gestern und heute 30
- Tertiärisierung der US-amerikanischen Wirtschaft 32
- Strukturwandel im Manufacturing Belt 34
- Sunbelt 36
- Agrobusiness 38
- Modell der nordamerikanischen Stadt 40
- Veränderungen innerhalb der Stadtregion 42
- Städtische Agglomerationen und Städtebänder 44
- Gewusst – gekonnt: Angloamerika 46

2. Lateinamerika 48
- Zwischen Anglo- und Lateinamerika 50
- Das Erbe der Kolonialherrschaft 52
- Indianische Hochkulturen in Lateinamerika 54
- Orientierung: Der Naturraum Lateinamerikas im Überblick 56
- Mit Alexander von Humboldt die Anden hinauf 58
- Ausgewählte Staaten Lateinamerikas: Fallbeispiel Panama 60
- Ausgewählte Staaten Lateinamerikas: Fallbeispiel Bolivien 62
- Ausgewählte Staaten Lateinamerikas: Fallbeispiel Dominikanische Republik 64
- Ausgewählte Staaten Lateinamerikas: Fallbeispiel Venezuela 66
- Brasilien – die Erschließung Amazoniens 68
- Amazonien – das Belo-Monte-Staudammprojekt 70
- Metropolen in Lateinamerika 72
- São Paulo – eine Megastadt 74
- São Paulo – Probleme lösen 76
- Gewusst – gekonnt: Lateinamerika 78

Inhaltsverzeichnis

3. Wahlpflichtteil	80
Projekt 1: Die Inuit der kanadischen Arktis	82
Methode: Ein Referat halten	83
Projekt 1: Das Leben der Inuit früher	84
Projekt 1: Nunavut – „Unser Land"	86
Projekt 1: Das Leben der Inuit heute	87
Projekt 2: Nationalparks in den USA – Schutzgebiete und Touristenmagnete	88
Projekt 2: Nationalparks – Vielfalt an Natur und Erholungsmöglichkeiten	90
Projekt 2: Werbeprospekte als Informationsquelle	92
Methode: Anfertigen eines Werbeprospekts	92
Projekt 3: Die Kulturpflanze Kaffee	94
Methode: Erstellen einer Film- oder Radio-Reportage	94
Projekt 3: Kaffeehandel	96
Projekt 3: Ist Fair Trade eine Lösung?	98
Länderdaten Amerika	100
Klimatabellen Amerika	102
Methoden zur Klimadatenauswertung	103
Ausgewählte Arbeitsmethoden – kurz und knapp	104
Geo-Lexikon	108
Politische Karte Nord- und Südamerika	111
Bildquellenverzeichnis	112

Zum schnellen Finden

METHODE

Methoden:
Zeichnen eines Profils – lebendiges Profil 18
Auswertung von Statistiken – Materialien kritisch hinterfragen 28
Ein Referat halten 83
Anfertigen eines Werbeprospekts 92
Erstellen einer Film- oder Radio-Reportage 94

ORIENTIERUNG

Orientierung:
Amerika – ein Doppelkontinent 10
Großlandschaften Nordamerikas 16
Der Naturraum Lateinamerikas im Überblick 56

PROJEKT

Projekte:
Projekt 1: Die Inuit der kanadischen Arktis 82
Projekt 1: Das Leben der Inuit früher 84
Projekt 1: Nunavut – „Unser Land" 86
Projekt 1: Das Leben der Inuit heute 87

Projekt 2: Nationalparks in den USA – Schutzgebiete und Touristenmagnete 88
Projekt 2: Nationalparks – Vielfalt an Natur und Erholungsmöglichkeiten 90
Projekt 2: Werbeprospekte als Informationsquelle 92

Projekt 3: Die Kulturpflanze Kaffee 94
Projekt 3: Kaffeehandel 96
Projekt 3: Ist Fair Trade eine Lösung? 98

Die unterschiedlichen Aufgaben in deinem Geographiebuch

Dein Geographiebuch möchte dir das Lernen im Geographieunterricht erleichtern.
Deshalb gibt es im **Seydlitz/Diercke** Aufgaben, die mit einem bestimmten Arbeitsauftrag eingeleitet werden. Damit du genau weißt, was du zu tun hast, werden dir die Arbeitsaufträge auf diesen Seiten nochmals „übersetzt".

Arbeitsaufträge gibt es zu vier unterschiedlichen Bereichen:
1. etwas ausführen,
2. etwas wiedergeben,
3. etwas erklären und anwenden,
4. über etwas urteilen und es bewerten.

Und jetzt viel Spaß beim Lösen der Aufgaben!

Wir führen etwas aus:

Zeichnen bedeutet, eine Skizze, eine Grafik usw. ansprechend aufzumalen.

Berechnen bedeutet, eine Gleichung möglichst begründet und richtig zu lösen.

Befragen bedeutet, dass du dir Informationen zu einem bestimmten Thema von anderen Menschen einholst.

Beobachten bedeutet, auf bestimmte Ereignisse oder Abläufe zu achten.

Messen bedeutet, mithilfe von Arbeitswerkzeugen (z. B. Lineal) Daten zu ermitteln.

Ergänzen bedeutet, etwas (z. B. einen Lückentext) korrekt zu vervollständigen.

Erstellen bedeutet, etwas (z. B. ein Diagramm) anzufertigen.

Sich informieren, ermitteln, recherchieren und finden bedeutet, etwas Unbekanntes/Verstecktes (z. B. mit dem Internet) zu entdecken.

Wir geben etwas wieder:

Räumlich einordnen bedeutet, die Lage eines Ortes in einem Raum festzustellen.

Nennen und **benennen** bedeutet, etwas ohne Erklärung aufzuzählen. Du kannst zum Beispiel die Länder Lateinamerikas nennen.

Wiedergeben und **zusammenfassen** bedeutet, etwas in kürzerer Form zu wiederholen. Du kannst zum Beispiel die Klimabesonderheiten und Wetterextreme Nordamerikas zusammenfassen.

Darstellen und **darlegen** bedeutet, etwas genau und mit den richtigen Worten wiederzugeben.

Beschreiben bedeutet, etwas mithilfe der Materialien darzulegen. Du kannst zum Beispiel die Niederschlagsverteilung von New York über das Jahr beschreiben.

Gliedern bedeutet, einen Raum oder eine Thematik nach bestimmten Merkmalen aufzuteilen.

Arbeitsaufträge im Seydlitz/Diercke

etwas ausführen	etwas wiedergeben	etwas erklären und anwenden	über etwas urteilen und es bewerten
• zeichnen • berechnen • befragen • beobachten • messen • ergänzen • erstellen • sich informieren/ ermitteln/ recherchieren/ finden	• räumlich einordnen • nennen/benennen • wiedergeben/ zusammenfassen • darstellen/darlegen • beschreiben • gliedern	• ein- und zuordnen • vergleichen • analysieren • charakterisieren • erklären • erläutern	• begründen • beurteilen • bewerten/ Stellung nehmen • entwickeln • überprüfen • erörtern • diskutieren/ besprechen

M1 *Die Arbeitsaufträge im Seydlitz/Diercke Sachsen 9*

Wir erklären etwas und wenden es auf andere Dinge an:

Ein- und Zuordnen bedeutet, die Informationen aus Materialien zu bestimmten Themen zusammenzustellen. Danach müssen sie in einen Zusammenhang gebracht werden. Am Schluss stehen sie in einer Abfolge.

Vergleichen bedeutet, verschiedene Dinge gegenüberzustellen. Du kannst Unterschiede und Gemeinsamkeiten erkennen.

Analysieren bedeutet, etwas nach bekannten Ordnungsmerkmalen zu untersuchen und aufzugliedern.

Charakterisieren bedeutet, einen Sachverhalt in seinen Eigenarten zu beschreiben und typische Merkmale zu kennzeichnen.

Erklären bedeutet, einen Sachverhalt so darzustellen, dass Bedingungen, Ursachen und Gesetzmäßigkeiten klar werden.

Erläutern bedeutet, etwas so zu beschreiben, dass die vielen Beziehungen klar werden.

Wir urteilen über etwas und äußern unsere Meinung:

Begründen bedeutet, die oft gestellte Frage „Warum ist das so?" zu beantworten.

Beurteilen bedeutet, etwas zu überprüfen, ohne seine Meinung dazu zu äußern.

Bewerten, Stellung nehmen bedeutet, etwas zu beurteilen und seine Meinung zu äußern.

Entwickeln bedeutet, Materialien miteinander zu verbinden. Danach kannst du erkennen, wie etwas zukünftig sein könnte.

Überprüfen heißt, verschiedene Ansichten zu vergleichen und deren Richtigkeit zu prüfen.

Erörtern bedeutet, etwas genau und von vielen Positionen aus zu betrachten. Das Ziel ist am Ende eine Einschätzung der Lage.

Diskutieren und besprechen bedeutet, in einer Gemeinschaft (z.B. Klasse) unterschiedliche Aussagen zusammenzutragen, diese zu überprüfen, zu besprechen und zu bewerten.

Aufgaben

Angloamerika

Capitol Reef National Park (USA)

M1 *Vielfalt des Doppelkontinents*

Amerika – ein Doppelkontinent

Zwischen Pazifik und Atlantik befindet sich der aus Nord- und Südamerika bestehende Doppelkontinent Amerika mit einer enormen Nord-Süd-Ausdehnung. Der Doppelkontinent kann nach verschiedenen Kriterien gegliedert werden.
Geographisch unterscheidet man Nord- und Südamerika, die durch die schmale Land- und Inselbrücke Mittelamerika verbunden sind. Die Grenze zwischen beiden Subkontinenten liegt an der schmalsten Stelle im Bereich des Panamakanals.

Kulturräumlich wird Amerika in **Anglo-** und **Lateinamerika** unterteilt. Angloamerika bezeichnet den Bereich, der vorwiegend britisch kolonisiert war und in dem Englisch, in Kanada auch Französisch, gesprochen wird.
Lateinamerika umfasst den Raum, der durch Spanier und Portugiesen erobert wurde. Daher setzten sich hier die aus dem Lateinischen stammenden Sprachen Spanisch und Portugiesisch durch.

M2 *Der Doppelkontinent Amerika – geographisch kontinentale Gliederung*

M3 *Der Doppelkontinent Amerika – kulturräumliche Gliederung*

Grundwissen

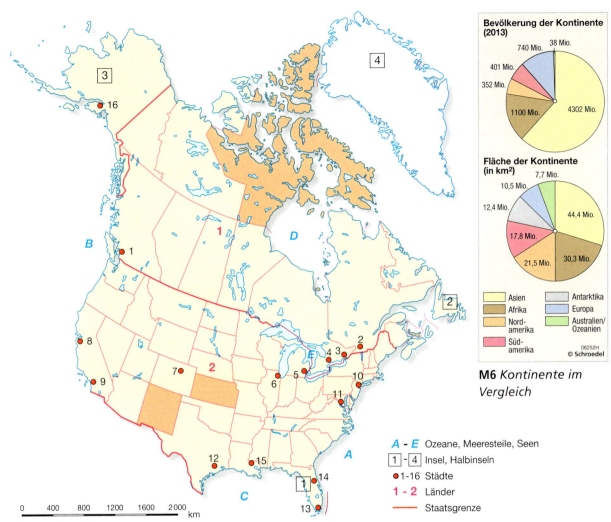

M6 *Kontinente im Vergleich*

M4 *Angloamerika*

❶ Der Doppelkontinent Amerika lässt sich auf verschiedene Weise unterteilen.
a) Erkläre die Gliederungsmöglichkeiten Amerikas (M2, M3).
b) Vergleiche die Flächen- und Bevölkerungsanteile des Doppelkontinents mit den anderen Kontinenten (M6).
c) Verorte Kap Barrow und Kap Hoorn im Gradnetz (Atlas).
d) Berechne die ungefähre Entfernung zwischen den beiden Orten (Abstand zwischen zwei benachbarten Breitenkreisen = 111 km).
e) Ergänze die Aussage: Wollte ein Reisender mit dem Auto vom Kap Barrow bis zum Kap Hoorn bei einer täglichen Strecke von 300 km fahren, bräuchte er rund ... Wochen.

❷ Angloamerika ist kultur- und naturräumlich vielfältig.
a) Begründe diese Aussage (M1, Atlas).
b) Benenne die topographischen Objekte (M4, Atlas).
c) Ordne die Autokennzeichen (M1) den in M4 markierten Bundesstaaten/Provinzen zu (Atlas).

❸ Der nördlichste Staat des Doppelkontinents Amerika ist Kanada.

- www.auswaertiges-amt.de (Außen- und Europapolitik)
- www.kanada-canada.de
- www.canadainternational.gc.ca
- www.destatis.de (Zahlen und Fakten → Internationales)

M5 *Ausgewählte Links zu Kanada*

a) Fertige eine Mindmap zu Kanada an: z. B. Naturraum, Nationalparks, Sehenswürdigkeiten, Bevölkerung, Städte, Wirtschaft (M5, Atlas, Nachschlagewerke, Internet).
b) Präsentiere deine Mindmap der Klasse.

Grundwissen / Übung

Erschließung und Besiedlung Angloamerikas

M1 *Den Trail entlang in den Westen*

Go West! – die Besiedlung Angloamerikas

Dieser Ruf prägte lange Zeit die Besiedlungsgeschichte Angloamerikas. Seit der Gründung der USA 1776 strömten vor allem europäische Einwanderer in den noch jungen Staat an der Ostküste Nordamerikas. In der Hoffnung, eigenes Land und Bodenschätze zu finden, zog es sie zunehmend Richtung Westen. Erst kamen Pelztierjäger, danach die Siedlertracks, die bis zum Pazifik vordrangen. Die Entwicklung des Verkehrsnetzes, besonders der Bau von transkontinentalen Eisenbahnstrecken, beschleunigte die Erschließung und Besiedlung Angloamerikas. Nur ein Jahrhundert dauerte die Inbesitznahme der Fläche der heutigen USA. Sie verlief zunächst unkontrolliert. Seit 1861 erfolgte die schachbrettartige Vermessung des Landes. Der **Homestead Act** von 1863 regelte dabei die planvolle Besiedlung und Landvergabe. Jeder Siedler erhielt das Recht, ein Homestead, was einer quadratischen Fläche von rund 65 ha entsprach, preiswert zu erwerben. Nachdem er dort fünf Jahre gelebt, das Land bewirtschaftet sowie 30 US-Dollar gezahlt hatte, wurde es endgültig sein Besitz.

Die Eroberung, die fortschreitende Erschließung und Besiedlung Angloamerikas waren mit einer rücksichtslosen Verdrängung der indianischen Urbevölkerung verbunden, die sich auch nach der Gründung der USA fortsetzte. Man zwang die indigenen Völker in Reservate bzw. in unfruchtbare Gebiete, sodass im Laufe der vergangenen Jahrhunderte einige der einst 500 verschiedenen Völker sogar ausgerottet wurden.

M2 *Luftbild – quadratische Landaufteilung*

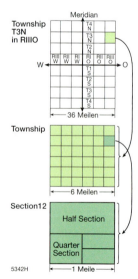

M3 *Landverteilung im Gitternetz*

Welche Spuren hinterließen deutsche Einwanderer in den USA?

Germantown war die erste von Deutschen gegründete Stadt in den USA. Heute ist es ein Stadtteil von Philadelphia. In den USA gibt es viele Orte mit deutscher Entsprechung.

Gibt es viele Amerikaner mit deutschen Vorfahren?

Statistiker erfragten zur Jahrtausendwende die Abstammung der US-Bürger. Etwa 15 Prozent der US-Amerikaner gaben an, deutscher Herkunft zu sein.

Wie viele Deutsche wanderten aus?

Das kann nur geschätzt werden. Sicher ist, dass 7,2 Mio. Deutsche ihre Heimat von Bremerhaven aus verließen.

Warum wanderten sie aus?

Zur ersten Welle gehörten Menschen, die ihre Heimat aus politischen, religiösen oder wirtschaftlichen Gründen verließen. Zum Beispiel war nach der niedergeschlagenen Revolution von 1848/49 die Enttäuschung bei Demokraten und Liberalen sehr groß. Sie flohen vor Verfolgung oder wanderten aus, nachdem sie ihre Strafen verbüßt hatten. Sie sahen keine Zukunft mehr in ihrer Heimat. Andere gingen in die USA, weil ihnen dort Religionsfreiheit garantiert wurde. Eine besonders große Migrantengruppe bestand aus Bauern. Durch das Erbrecht in weiten Teilen Deutschlands entstanden ab Mitte des 19. Jahrhunderts Flächen, die zu klein waren, um eine Familie zu ernähren. Mit dem Homestead Act von 1863 wurde es leichter, in den USA Land billig zu erwerben.

Wie erklärt sich die letzte große Auswanderungswelle?

Die nationalsozialistische Politik zwang viele Menschen ins Exil. Nach dem Zweiten Weltkrieg war die Not in Deutschland groß. Allein bis 1960 verließen ca. 600 000 Menschen Deutschland in Richtung USA.

M4 *Ausgewählte Fragen zur Auswanderung Deutscher in die USA*

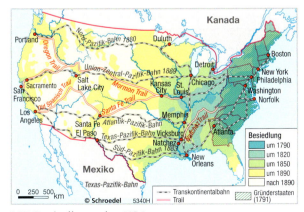

M5 *Besiedlung der USA*

M6 *Häufigkeit deutscher Städtenamen in den USA*

❶ Die Erschließung Angloamerikas erfolgte von Ost nach West.
a) Beschreibe einzelne Etappen der Besiedlung Angloamerikas (M1, M5, Atlas).
b) Erstelle einen vereinfachten Zeitstrahl zur Erschließung und Besiedlung Angloamerikas (M4, M5).

❷ Die Landnahme der Binnengebiete und des Westens verlief anfangs planlos.
Erkläre die Landverteilung nach dem Homestead Act von 1863 (M2, M3).

❸ In Angloamerika siedelten sich Menschen verschiedener Herkunftsländer an.
Erstelle eine Tabelle zu den bevorzugten Siedlungsgebieten der verschiedenen Einwanderergruppen (Atlas).

❹ Unter den europäischen Einwanderern befanden sich auch viele Deutsche.
a) Erläutere Gründe von Deutschen, in die USA auszuwandern (M4).
b) Lokalisiere für ausgewählte Städte mit deutschen Namen die Lage in Angloamerika (M6, Atlas, Internet).

Grundwissen / Übung

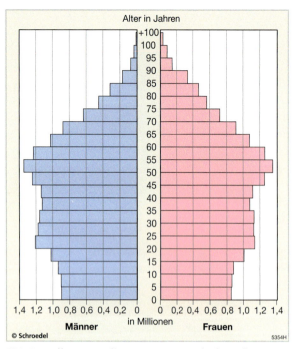

M1 *Bevölkerungsdiagramm Kanada (2013)*

M2 *Bevölkerungsdiagramm USA (2013)*

Die Bevölkerung Angloamerikas

Die Bevölkerung Angloamerikas ist ungleichmäßig verteilt. Neben kaum besiedelten Gebieten gibt es sehr dicht bewohnte Räume. Dies liegt einerseits an den naturräumlichen Gegebenheiten und andererseits an der Siedlungsgeschichte des Subkontinents. Konzentrationsgebiete der Bevölkerung befinden sich im Osten entlang der Atlantikküste, an den Großen Seen sowie an der Pazifikküste im Westen. Rund 80 Prozent der Angloamerikaner leben in Städten.

Kanada und die USA sind bis heute klassische Einwanderungsländer, was sich auch in der Bevölkerungszusammensetzung widerspiegelt. So suchen beispielsweise **Hispanics** und Asiaten eine neue Heimat in den USA. Jedoch hat sich der Schwerpunkt der Zuwanderung auf den Südwesten und Westen Angloamerikas verlagert. Seit der Verschärfung der Einwanderungspolitik in den USA im Jahr 2005 hat der Anteil illegaler Zuwanderer zugenommen. Die anhaltend hohen Zuwanderungszahlen von Menschen aus anderen Regionen der Erde haben in Angloamerika dazu geführt, dass die Bevölkerung wächst, während die hoch entwickelten Staaten anderer Kontinente eher mit stagnierenden oder auch rückläufigen Bevölkerungszahlen zu kämpfen haben.

Angloamerika – Melting Pot of People?

Lange war man bestrebt, die Verschmelzung der verschiedenen Bevölkerungsgruppen zu einer Nation zu erreichen. Diese Idee vom „Melting Pot of People" funktioniert aber nur unter der weißen Bevölkerung.

In der Realität sind die anderen Bevölkerungsgruppen unzureichend in die Gesellschaft integriert, woraus viele soziale Probleme resultieren. **Afroamerikaner**, Hispanics und auch die **Native Americans** sind überdurchschnittlich von Armut, Diskriminierung und Ablehnung betroffen. Besonders in den Großstädten wird deutlich, dass sich die unterschiedlichen Bevölkerungsgruppen voneinander abgrenzen und wenig Kontakt miteinander haben.

So spricht man heute in den USA eher von „Salad Bowl". Auch die Bezeichnung „Mosaic" wird verwendet: in Anlehnung an den kanadischen Weg einer multikulturellen Gesellschaft, in der jede Kultur ihre Traditionen und Sprache weitgehend bewahren kann.

Aber auch in Kanada gibt es siedlungshistorisch bedingte politische Probleme, wie zum Beispiel die Abspaltungsbestrebungen der großen französischsprachigen Provinz Quebec zeigen.

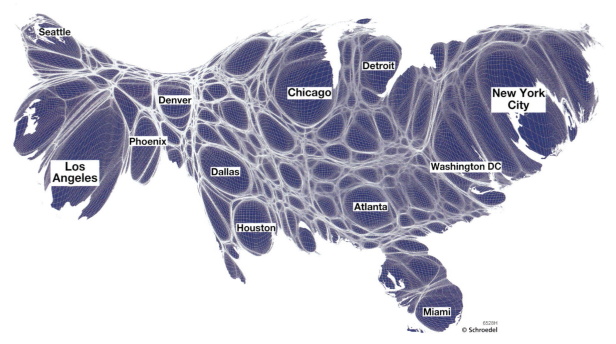

M3 *Worldmapperkarte zur Bevölkerungsverteilung der USA*

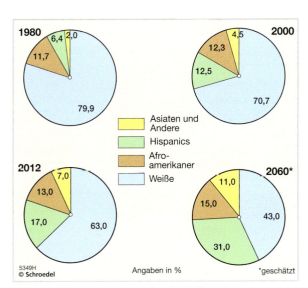

M4 *Zusammensetzung der Bevölkerung der USA*

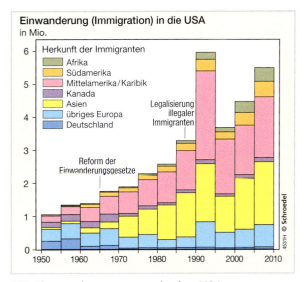

M5 *Einwanderergruppen in den USA*

❶ Die Bevölkerung der Staaten Angloamerikas unterscheidet sich in Zusammensetzung und Verteilung.
a) Werte die Altersstruktur der Bevölkerung beider Staaten aus (M1, M2).
b) Beschreibe die Bevölkerungsverteilung Angloamerikas (M3, Atlas).

❷ Nach Angloamerika strömen bis heute Einwanderer aus verschiedenen Regionen der Erde.
a) Beschreibe am Beispiel der USA die Einwanderungsentwicklung seit Mitte des vergangenen Jahrhunderts sowie die räumliche Verteilung der verschiedenen Bevölkerungsgruppen (M5, Atlas).
b) Erläutere die Entwicklung der ethnischen Zusammensetzung der US-Bevölkerung (M4).

❸ „Melting Pot of People" war ein Ziel der USA.
a) Erkläre, was man darunter versteht.
b) Diskutiere in der Klasse, ob dieses Ziel erreicht wurde.

Grundwissen/Übung

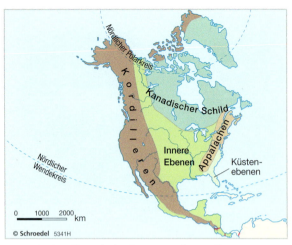

M1 *Die Großlandschaften Nordamerikas*

Großlandschaften Nordamerikas

Großlandschaften

Zur übersichtlichen Darstellung der Natur größerer Gebiete, etwa von Kontinenten, gliedert die Geographie solche Räume in Teilgebiete, die **Großlandschaften**. Großlandschaften sind Räume mit gemeinsamen oder ähnlichen Merkmalen und Merkmalszusammenhängen der Geofaktoren geologischer Bau, Relief, Klima, Wasser, Bios und Boden.

Nordamerika lässt sich so in fünf Großlandschaften gliedern, die sich durch ihr Relief gut voneinander abgrenzen lassen. Sie entstanden als Folge lang anhaltender erdgeschichtlicher Prozesse.

Kanadischer Schild

Diese Großlandschaft umfasst den Nordosten Nordamerikas einschließlich der Inseln im Nordpolarmeer.

Als **Schild** bezeichnet man ein Gebiet, das über Jahrmillionen langsam angehoben und abgetragen wurde. Dadurch gelangten Gesteine aus großen Tiefen an die Oberfläche, die zum Teil über drei Milliarden Jahre alt sind und aus der Entstehungszeit der Erde stammen. Schilde werden oft auch als die Kerne der Kontinente bezeichnet.

Das heutige Relief des Kanadischen Schildes wurde durch das Inlandeis geformt. In Erosionsgebieten besteht das Relief unter anderem aus Felsbuckeln, den sogenannten Rundhöckern, zwischen denen sich sehr viele Seen gebildet haben. An der Küste Labradors und Neufundlands entstanden zahlreiche Fjorde. Das vom Eis abgetragene Material wurde am Südrand des Schildes im Gebiet der Großen Seen wieder abgelagert.

Das Klima dieser Großlandschaft ist infolge kalter Meeresströmungen und der Hudsonbai, die im Frühjahr sehr lange eine Eisdecke trägt, überwiegend subpolar geprägt. Die Wachstumsperiode für Pflanzen ist sehr kurz. Der Großteil des Schildes ist von einer Vegetation bestehend aus Moosen, Flechten, Gräsern und niedrigen Gehölzen bedeckt, der Tundra. Nur im Süden und Südwesten können Nadelwälder wachsen. Häufig entstehen im Kanadischen Schild Sümpfe, da das Wasser durch den felsigen Untergrund oder durch den Dauerfrostboden nicht versickern kann.

M2 *Der Kanadische Schild – Beispiel einer Großlandschaft*

M3 *Im Kanadischen Schild*

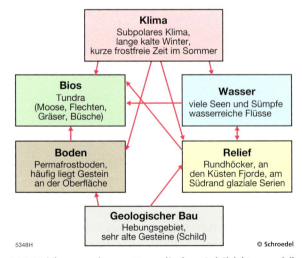

M4 *Wirkungsschema Kanadischer Schild (Auswahl)*

Grundwissen

M5 *Appalachen*

M6 *Innere Ebene mit den Rocky Mountains im Hintergrund*

M7 *Rocky Mountains – Teil der Kordilleren*

❶ Angloamerika besteht aus Großlandschaften. Beschreibe die Lage der fünf Großlandschaften (M1).

❷ Großlandschaften werden durch Merkmale und Merkmalszusammenhänge der Geofaktoren charakterisiert.
a) Nenne mithilfe des Atlas die Merkmale der Geofaktoren in den drei Großlandschaften Appalachen, Innere Ebenen und **Kordilleren** (M1, M5–M7, Atlas).
b) Beschreibe Zusammenhänge zwischen den Merkmalen der Geofaktoren Relief, Klima und Bios (Vegetation) einer dieser Großlandschaften in einem Wirkungsschema (M4).

❸ Die Kordilleren sind ein geologisch besonders aktives Gebiet. Begründe das häufige Auftreten von Vulkanen und Erdbeben im Westen Nordamerikas (Atlas).

❹ Erstelle eine Dokumentation über einen besonders heftigen Vulkanausbruch oder ein besonders starkes Erdbeben auf dem nordamerikanischen Kontinent (Internet, Atlas).

ORIENTIERUNG

Grundwissen / Übung

Methode: Zeichnen eines Profils – lebendiges Profil

From coast to coast – auf den Interstate Highways quer durch die USA

Eine beliebte Form der touristischen Erkundung der USA sind Wohnmobilreisen von Küste zu Küste.

Start ist in Savannah an der Atlantikküste. Der Weg führt zunächst durch den „alten Süden". In der ebenen Landschaft dominieren Baumwoll-, Tabak- und Erdnussfelder. Vereinzelt sieht man noch Herrenhäuser aus der Zeit der Sklaverei. Zentrum des Südens ist die aufstrebende Großstadt Atlanta. Hier befindet sich nicht nur die Heimat von Coca Cola, sondern auch der zurzeit größte Passagierflughafen der Welt. Nördlich von Atlanta passieren wir die Mittelgebirgslandschaft der Appalachen. Von Laubwäldern bedeckte steile Gebirgsketten prägen die Landschaft. Dahinter beginnen die Inneren Ebenen. Auf der Fahrt in Richtung Westen durchquert man endlose Ebenen auf schnurgeraden Straßen. Ein Höhepunkt dieses Abschnittes ist die Überquerung des Mississippi. Hat man den Fluss hinter sich gelassen, beginnt der ehemalige „Wilde Westen". Doch Indianer, Cowboys und Bisonherden sucht man heute vergebens, stattdessen dominieren Getreidefelder und Viehweiden.

Am Horizont erheben sich die Rocky Mountains wie eine Felsmauer. Man kann die Probleme der ersten Siedler erahnen, die dieses Hindernis mit Pferdewagen überwinden mussten. Hinter Salt Lake City passiert man den See, der der Stadt ihren Namen gab. Am Ende des Pleistozän war er etwa so groß wie der Michigansee. Seitdem trocknet er langsam aus und hinterlässt eine fast ebene Salzwüste, auf der bereits zahlreiche Geschwindigkeitsrekorde mit Autos aufgestellt wurden.

Die Landschaft des gesamten Great Basin ist karg und ähnelt oft einer Wüste. Ist dann erst einmal die Hochgebirgskette der Sierra Nevada überwunden, verändert sich die Landschaft stark. Wir haben Kalifornien, den Obstgarten der USA, erreicht. Klima und Landwirtschaft erinnern an Südeuropa. Bis San Francisco und zur Pazifikküste ist es nun nicht mehr weit.

M1 *„On the road"*

M2 *Höhenschichtenkarte der USA*

Wiederholung: Sechs Schritte zum Zeichnen eines Profils

1. Festlegen der Profilstrecke
Ermittle in der Karte die Endpunkte des Profils. Verbinde sie durch eine Linie – die Profilstrecke.

2. Übertragen der Profilstrecke
Falte ein kariertes DIN-A4-Blatt oder Millimeterpapier quer. Lege die Faltkante auf die Profilstrecke deiner Karte. Markiere beide Endpunkte A und B und verbinde sie. Du erhältst die Profilgrundlinie.
Gib den Längenmaßstab des Profils an. Orientiere dich dazu an der Maßstabsleiste in der Karte.

3. Höhenschnittpunkte übertragen
Markiere die Schnittpunkte der einzelnen Höhenlinien auf der Faltkante deines Blattes.

4. Höhenmaßstab übertragen
Falte das Blatt auf. Zeichne über den Endpunkten zwei Senkrechten. Trage auf ihnen den Höhenmaßstab ab. Wähle dazu eine geeignete Überhöhung.

5. Profillinie zeichnen
Markiere für jeden Schnittpunkt die genaue Höhenlage auf deinem Blatt. Verbinde die Höhenpunkte miteinander. So erhältst du die Profillinie.
Beachte: Für das Zeichnen der Profillinie wird kein Lineal verwendet.

6. Profil beschriften
Beschrifte das Profil mithilfe der Karte in Druckschrift. Benenne auffällige topographische Objekte wie Gebirge, Berge, Tiefländer, Städte, Gewässer. Gib deiner Profilzeichnung eine geeignete Überschrift.
Trage die Himmelsrichtungen deines Profils ein.

METHODE

Drei Schritte für ein lebendiges Profil

Das Ziel der Methode „Lebendiges Profil" ist es, einen besseren Überblick über eine Region zu erlangen, indem du der Profillinie Aussagen zu Klima, Vegetation, Relief oder beispielsweise Wirtschaftsräumen zuordnest.
1. Verschaffe dir einen Überblick über die Aussagen zum Profil (M3).
2. Ordne jeder Aussage einen passenden Abschnitt oder Punkt auf der Profillinie zu. Dahinter notierst du die Begründung für deine Zuordnung. Das ist wichtig, denn vielleicht sortieren nicht alle deine Mitschüler die Aussagen genauso ein wie du.
3. Diskutiert in einer Abschlussbesprechung mit der ganzen Klasse über eure Zuordnungen.

1. Klima wie in Südeuropa, überall Wein- und Obstgärten. Problematisch sind die Erdbeben. Begründe die Häufigkeit von Erdbeben in diesem Gebiet.
2. Von Nord nach Süd durchschneidet dieses hohe Gebirge Nordamerika.
3. „The Old Man River", er entwässert fast den halben Kontinent.
4. Früher grasten dort Bisons, heute gibt es hier riesige Weizenfelder.
5. In dieser küstennahen Landschaft gedeihen Baumwolle, Tabak und Erdnüsse. Informiere dich über die Anbaubedingungen von Baumwolle.
6. Vorsicht, nicht trinken, das sagt schon der Name des Gewässers.
7. Erkläre den Begriff Indian Summer, den es in dieser Gegend gibt.
8. Was bedeutet eigentlich Sierra Nevada?

M3 *Aussagen und Fragen zu deinem Profil*

❶ Profile geben einen Überblick über Landschaften und landschaftliche Zusammenhänge.
a) Zeichne mithilfe der Höhenschichtenkarte (M2) ein West-Ost-Profil durch die USA. Orientiere dich bei der Wahl der Profilstrecke an der Route aus M1.
b) Grenze auf der Profillinie die durchfahrenen Großlandschaften ab.
c) Benenne die Großlandschaften.
d) Trage wichtige Gewässer ein (M2, Atlas).

❷ Aus deiner Zeichnung soll ein lebendiges Profil entstehen:
a) Ordne den beschriebenen Objekten (M3) Abschnitte oder Punkte im Profil zu (Atlas).
b) Benenne die Objekte.
c) Löse die in M3 enthaltenen Zusatzaufgaben.

Grundwissen / Übung

M1 *Luftbild Niagarafälle*

Gewässernetz Nordamerikas

Das Gewässernetz Nordamerikas wird durch das Relief geprägt. In den zentralen Tiefländern und auf dem Kanadischen Schild haben sich große Stromsysteme herausgebildet. Zwischen den Appalachen und dem Atlantik sowie den Rocky Mountains und dem Pazifik sind diese deutlich kleiner. Vor allem in den Randgebieten des Kanadischen Schildes entstanden großflächige Seen.

Der Mississippi

„Old Man River" nennen die Anwohner ihren großen Strom. Für die Ureinwohner war er der Vater aller Ströme und das Zentrum der Welt.
Der westlich des Oberen Sees entspringende Mississippi entwässert ein Drittel der Fläche der USA. Wirklich große Wassermassen enthält er aber erst nach dem Zusammenfluss mit dem Missouri und dem Ohio bei St. Louis.
Der Mississippi transportiert sehr viel Gesteinsmaterial, das er teilweise schon an seinem Unterlauf ablagert. Dort bildet er eine Aufschüttungsebene und fließt ähnlich wie der Huang He als Dammfluss über seiner Umgebung. Die gesamte Region ist daher äußerst hochwassergefährdet. In seinem Mündungsgebiet am Golf von Mexiko lagert der Strom das mitgeführte Material ab. So schüttet er seine Mündung ständig selbst zu und verlagert sein Flussbett immer wieder. Der Flusslauf spaltete sich auf und es entstand ein weit verzweigtes Delta, das sich jährlich 80–100 m weiter ins Meer vorschiebt.

Die Großen Seen

Die fünf Großen Seen an der Grenze zwischen den USA und Kanada bilden die größte Süßwasserfläche der Erde. Ihre Entstehung verdanken sie dem Inlandeis, das sich während der letzten Eiszeit auf dem Kanadischen Schild gebildet hat. An seinem Südrand hinterließ das Eis große flache Mulden, die durch Endmoränen nach Süden abgegrenzt werden. In den umrahmten Senken bildeten sich später die Seen.
Die Großen Seen entwässern über den Sankt-Lorenz-Strom in den Atlantik und stellen gemeinsam einen wichtigen Verkehrsweg dar. Die Höhenunterschiede zwischen den Seen werden durch Schleusen überwunden. Besonders groß ist der Unterschied zwischen dem Erie- und dem Ontariosee. Hier befinden sich die Niagarafälle.

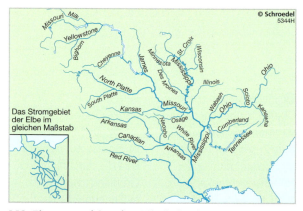

M2 *Einzugsgebiet des Mississippi*

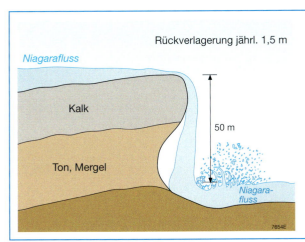

Entstehung der Niagarafälle

Am Niagarafluss haben sich beeindruckende Wasserfälle herausgebildet. Ihre Entstehung ist auf eine spezielle Lagerung der Gesteine zurückzuführen. Eine besonders feste Schicht (z. B. Kalk) liegt über einer Schicht, die der Abtragung durch den Fluss weniger Widerstand entgegen setzen kann (z. B. Ton). Erreicht der Fluss durch seine Tiefenerosion die weichere Schicht, trägt er diese schneller ab als die härtere Schicht. Das widerstandsfähigere Gestein wird nun unterspült und eine Steilstufe entsteht. Diese wird weiter ständig unterspült, bricht ab und der Wasserfall verlagert sich flussaufwärts. Der Vorgang wird daher auch rückschreitende Erosion genannt.

M3 *Rückschreitende Erosion an den Niagarafällen*

Hoover-Staudamm

In vielen Trockengebieten hängt die Wasserversorgung von wenigen großen Flüssen ab. Das gilt auch für den Colorado im Südwesten der USA. Der Fluss wird seit 1935 durch den Hoover-Staudamm bei Las Vegas aufgestaut, um Wasser für die Landwirtschaft und die Bevölkerung zur Verfügung zu stellen sowie um elektrische Energie zu gewinnen. Der Dammbau brachte erhebliche Veränderungen für den Fluss und seine Ökosysteme mit sich. Die Wasserführung ist durch die stetig steigende Wasserentnahme aus dem Stausee drastisch gesunken. In manchen Jahren erreicht kein Wasser mehr die Mündung. Viele Pflanzen- und Tierarten haben ihren Lebensraum verloren.

M4 *Staudamm im Colorado*

Name	Wasserfläche in km² (gerundet)	Wassermenge in km³ (gerundet)
Baikalsee	31 700	23 600
Bodensee	536	48
Eriesee	25 720	490
Huronsee	59 600	3 540
Malawisee	29 600	8 400
Michigansee	58 020	4 920
Oberer See	82 410	12 100
Ontariosee	19 480	1 640
Tanganjikasee	32 900	18 900
Titicacasee	8 370	900
Viktoriasee	68 890	2 750

M5 *Die größten Seen der Erde*

❶ Gewässer verändern die Oberfläche des Gebietes, durch das sie fließen. Erkläre, wie die Aufschüttungsebene und das Delta des Mississippi entstanden sind (M2).

❷ Die Niagarafälle „wandern" Richtung Eriesee. Begründe diese Aussage (M3).

❸ Beurteile die Auswirkungen des Hoover-Staudammes (M4).

❹ Arbeite mit Diagrammen, nutze unterschiedliche Darstellungsformen.
a) Ordne die „Großen Seen" nach Wasserfläche und -menge (M5).
b) Stelle die Ergebnisse in einem geeigneten Diagramm dar (M5).
c) Vergleiche die „Großen Seen" mit anderen Süßwasserseen der Erde. Stelle dies grafisch dar (M5).
d) Erläutere die Ergebnisse zum Vergleich.

Grundwissen / Übung

M1 *Schrägluftbild Grand Canyon*

Grand Canyon

„Schönstes Tal der Erde", „Bilderbuch der Erdgeschichte", immer neue Superlative werden zur Beschreibung dieser einzigartigen Landschaft gewählt. Schon die Ausmaße des Grand Canyon sind mit 447 km Länge, bis zu 1 600 m Tiefe und 0,5–30 km Breite beeindruckend. Einen besonderen Anblick bieten die horizontal gelagerten Gesteinsschichten, wenn sie das Licht der Sonne in verschiedenen Farben reflektieren.

Entstehung der Gesteine

Für Geologen und Besucher bietet sich ein Blick in 1,7 Mrd. Jahre Erdgeschichte. Zu dieser Zeit entstanden während einer Gebirgsbildung Granite und Schiefer, die heute den Grund des **Canyon** bilden. Zwischen 550 und 250 Mio. Jahren vor heute haben Flüsse und Meere viele Hundert Meter mächtige horizontale **Sedimentschichten** abgelagert. Durch das Gewicht und den Druck der oberen Schichten wurden die unteren Schichten zu Festgesteinen verdichtet. So entstanden Sandsteine, Kalksteine und Tonschiefer mit unterschiedlicher Widerständigkeit gegenüber der **Verwitterung**.

Endogene und exogene Prozesse

Der Grand Canyon ist ein typisches Beispiel für das Zusammenwirken unterschiedlicher Prozesse bei der Entstehung des Reliefs. Dabei wird die Erdoberfläche durch **endogene Prozesse**, mittels Kräften, die aus dem Erdinneren wirken, und durch **exogene Prozesse**, mittels Kräften, die von außen wirken, verändert.

Entstehung des Reliefs

Bis vor etwa zehn Millionen Jahren befand sich in der Region des Grand Canyon eine Ebene. Infolge andauernder Hebung dieses Gebietes entstand das **Coloradoplateau**. Der Colorado und seine Nebenflüsse schneiden sich durch Tiefenerosion in das Plateau ein. Hebung und Erosion verlaufen etwa gleich schnell. Durch die unterschiedliche Widerständigkeit der Gesteine entstand ein Tal mit gestuften Hängen – ein Canyon. Die Schichten der widerständigen Gesteine bilden dabei die Steilstufen. Das trockene Klima mit den geringen Niederschlägen begünstigt diesen Vorgang, da die Hangabtragung durch Oberflächenwasser nur minimal ist.

M2 *Schichtfolge der Gesteine im Grand Canyon*

Gesteinsformation, Alter und Eigenschaften
⑧ Jünger als 250 Mio. Jahre – Kalkstein, Wände bildend
⑦ 255 – 250 Mio. Jahre – Sand- und Kalksteine im Wechsel, Stufen und Wände
⑥ 260 – 255 Mio. Jahre – Sandstein, Wände bildend
⑤ 265 – 260 Mio. Jahre – Tonschiefer, Stufen bildend
④ 285 – 265 Mio. Jahre – Tonschiefer und Sandsteine, Wände und Stufen bildend
③ 335 – 285 Mio. Jahre – rötlicher Kalkstein, Wände bildend
Im Profil sind keine Gesteine aus der Zeit zwischen 335 und 500 Mio. Jahren erhalten.
② 550 – 500 Mio. Jahre – helle Kalksteine, kleine Stufen bildend
① 1,7 Mrd. – 550 Mio. Jahre – Granit, Gneis oder Schiefer

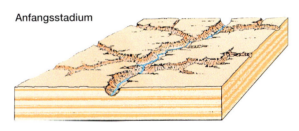
Anfangsstadium

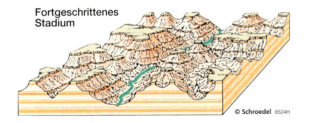
Fortgeschrittenes Stadium

M3 *Canyonbildung*

INFO

Tiefenerosion
Durch seine Transportkraft bewegt das Gewässer an seinem Grund rollend oder springend Gesteinsbrocken. Diese vertiefen den Untergrund. Die Tiefenerosion wächst mit Zunahme der Fließgeschwindigkeit und der Wassermenge und ist für die Tiefe des Tals verantwortlich.

Hangabtragung
An den Talhängen wirken Verwitterungsprozesse. Das Lockermaterial wird flächenhaft durch das Oberflächenwasser abgetragen. Dadurch werden die Hänge flacher und nach hinten verlegt.

❶ Der Grand Canyon ist ein Tagebuch der Erdgeschichte.
a) Beschreibe die Lage des Grand Canyon (Atlas).
b) Fasse die vier Schritte seiner Entstehung einer Tabelle zusammen (M2, M3).
c) Begründe die Stufung der Hänge (M2).

Zeit	Endogene Prozesse	Exogene Prozesse
vor ca. 1,7 Mrd. Jahren		-
vor 500–250 Mio. Jahren	-	
vor ca. 10 Mio. Jahren		
bis zur Gegenwart		

Grundwissen / Übung

M1 *Verwüstungen durch einen Tornado (Kansas)*

Klimatische Besonderheiten Nordamerikas

Nordamerika liegt auf einer ähnlichen geographischen Breite wie Europa und hat daher auch Anteil an den gleichen Klimazonen, besonders am gemäßigten Klima. Dennoch bestehen deutliche Unterschiede in der Ausprägung des Klimas beider Kontinente.

Die wichtigste Ursache ist die Nord-Süd-Ausrichtung der Gebirge in Nordamerika, der Kordilleren und Appalachen. Die Gebirgszüge verhindern, dass von Westen kommende, feuchte Meeresluft in den Kontinent vordringen kann. An der Pazifikküste kommt es zu Stauregen mit hohen Niederschlagsmengen. In den Becken zwischen den Gebirgszügen der Kordilleren und an der Ostflanke der Rocky Mountains dagegen herrscht Regenschatten mit sehr geringen Niederschlagsmengen. Eine weitere Ursache für die klimatischen Unterschiede zwischen Europa und Nordamerika ist das Auftreten warmer und kalter Meeresströmungen an der Ostküste Nordamerikas.

Extremwetter

In den Inneren Ebenen kann feuchtwarme tropische Luft vom Golf von Mexiko ungehindert weit nach Norden und arktische Kaltluft hingegen weit nach Süden vorstoßen. Ihr Aufeinandertreffen führt zu extremen Wettererscheinungen, z. B. den Tornados, mit zum Teil katastrophalen Zerstörungen und oft auch Todesopfern. Diese Wettererscheinungen sind an bestimmte Zeiten im Jahr gebunden und treten in bestimmten Gebieten gehäuft auf.

Probleme im Winter

Die arktischen Kaltluftvorstöße im Winter, die sogenannten **Northers**, führen in der Landwirtschaft zu großen Schäden.

Im Nordosten treten gefährliche Schneestürme, die **Blizzards**, auf. Sie sind verbunden mit Temperaturstürzen, hohen Windgeschwindigkeiten und Schneeverwehungen und legen in den betroffenen Gebieten oft das öffentliche Leben lahm.

M2 *Auswirkungen eines Blizzards*

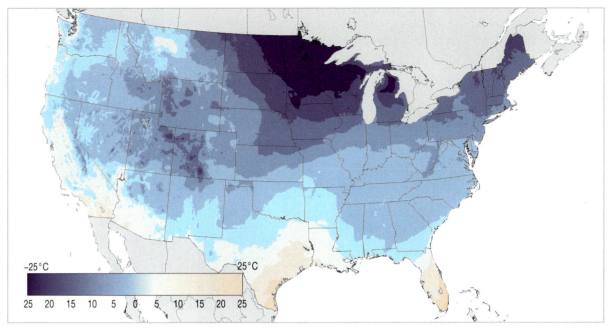

M3 *Kaltlufteinbruch während eines Northers (Temperaturminima am 6. Januar 2014)*

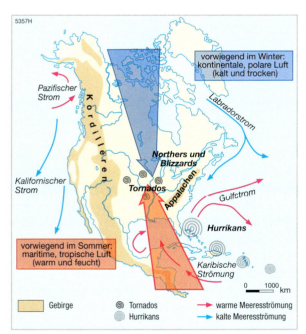

M4 *Luftmassen und Klimaextreme in Nordamerika*

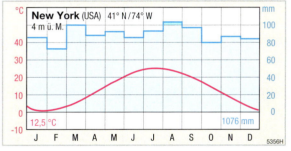
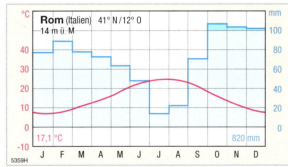

M5 *Klimadiagramme (New York und Rom)*

❶ Zwischen Nordamerika und Europa unterscheidet sich das Klima enorm.
a) Vergleiche die Klimadiagramme (M5).
b) Begründe die Unterschiede der Temperaturen (M4, Atlas).
c) Beschreibe den Einfluss der Gebirge auf die Luftströmungen in Nordamerika (M4).
d) Erkläre die Begriffe Northers und Blizzard (M2, M3).

❷ a) Zeichne entlang 40° N ein West-Ost-Niederschlagsprofil durch Nordamerika (Atlas).
b) Begründe die unterschiedlichen Niederschlagsmengen.

❸ a) Informiere dich über den letzten Blizzard in den USA (Internet).
b) Beschreibe seine Auswirkungen auf das Leben der Menschen in den betroffenen Regionen (Internet, Atlas).

Grundwissen/Übung

M1 *Sturmzelle eines Hurrikans im Golf von Mexiko und Zugbahn des Hurrikans Katrina (August 2005)*

Wetterextreme in Nordamerika

Hurrikans

Hurrikans sind tropische Wirbelstürme. Sie entstehen im Bereich der Passatwinde über den Ozeanen, wenn sich die Wassertemperatur großflächig auf über 26,5 °C erhitzt. Dies ist vor allem in den Monaten Juli bis September der Fall.

Über den warmen Meeresgebieten verdunsten große Wassermengen und steigen mit der warmen Luft auf. Es entstehen Wolkenfelder, die durch die Erdrotation in Drehung versetzt werden. In das entstehende Tiefdruckgebiet wird von der Seite weitere Warmluft angesaugt, die die Energie des Sturmes weiter steigert. Ein Hurrikan hat einen Durchmesser von mehreren Hundert Kilometern und erreicht Windgeschwindigkeiten von über 250 km/h. Trifft er auf die Küste, drohen schwere Zerstörungen. In Folge von Sturmfluten oder extremen Niederschlägen kommt es zu Überschwemmungen. Da sich der Hurrikan selbst nur mit 15–30 km/h bewegt, ist es möglich, die an den Küsten lebenden Menschen zu warnen. Über dem Festland schwächt sich der Hurrikan ab. Auf dem Satellitenbild ist der Wolkenwirbel sowie das wolkenlose Auge des Wirbelsturms zu sehen. In diesem zentralen Teil ist es windstill und die Luft sinkt ab.

Tornados

Tornados sind wandernde Windwirbel (Windhosen) auf dem Festland. Sie haben eine kurze Lebensdauer, aber eine extreme Stärke.

Beim Zusammentreffen feuchtheißer Luft aus dem Golf von Mexiko und trockener Kaltluft aus dem Norden entstehen im Sommer häufig schwere Gewitter. Wenn sich unter diesen trichterförmige Luftwirbel bilden, spricht man von Tornados. Sie bewegen sich mit etwa 50 km/h vorwärts und können Rotationsgeschwindigkeiten von mehr als 500 km/h erreichen. Der Durchmesser der Windwirbel liegt zwischen hundert bis tausend Metern. Auf ihrem Weg hinterlassen Tornados eine Spur der Verwüstung. Autos und Bäume wirbeln durch die Luft und der extreme Unterdruck in ihrem Zentrum lässt Häuser bersten.

Tornados existieren nur eine kurze Zeit, treten aber oft in Gruppen auf. Weil sie ihre Zugrichtung rasch ändern können, ist eine Vorwarnung schwierig. Tornadojäger versuchen, diese Wirbelstürme aus der Nähe zu erforschen.

Bei bestimmten Wetterlagen kann das Phänomen Tornado auch in Sachsen auftreten, wie das Ereignis am 24. Mai 2010 in Großenhain beweist.

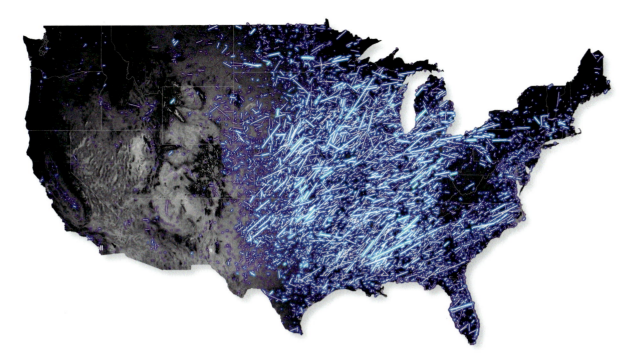

M2 *Seit 1950 aufgetretene Tornados in den USA (je heller der Blauton, desto höher die Zerstörungskraft)*

Tornadowarnung in den USA

Wird ein „tornado warning" ausgerufen, sollte man zu allererst einen lokalen Fernseh- oder Radiosender einschalten, um über die neuesten Entwicklungen informiert zu sein. Vielerorts ertönen Sirenen, um den nahenden Tornado anzukündigen und die Menschen aufzufordern, sich in Sicherheit zu bringen. Am sichersten ist es im Keller. Sollte das Haus über keinen Keller verfügen, sollte man sich so weit weg wie möglich von allen Fenstern aufhalten. Der sicherste Ort ist dann ein Wandschrank oder die Badewanne, am Besten mit einer dicken Decke oder Matratze abgedeckt, um Verletzungen durch herumfliegende Gegenstände zu vermeiden. Ist man mit dem Auto unterwegs, sollte man nicht versuchen, dem Tornado davonzufahren. Diese Stürme sind unberechenbar und können ihre Richtung sowie Geschwindigkeit rasch ändern. Auch hier gilt, Schutz in einem sicheren Gebäude zu suchen.

M3 *Verhalten bei einem Tornado*

❶ Wirbelstürme sind in weiten Teilen Nordamerikas häufige Wettererscheinungen.
a) Stelle in einer Tabelle Entstehung, Merkmale, Verbreitungsgebiete und Folgen von Hurrikans und Tornados gegenüber (M1, M2).
b) „Ein Hurrikan kann im Landesinneren nicht existieren." Begründe diese Aussage.

❷ Tornados haben eine große Zerstörungskraft.
a) Erläutere, wie man sich vor ihnen schützen kann (M3).
b) Informiere dich über Tornados in Europa (Internet).

Methode: Auswertung von Statistiken – Materialien kritisch hinterfragen

M1 *Detroit – Sichtweise auf eine US-amerikanische Großstadt*

„Trau keiner Statistik, ..."

Statistiken spielen im Geographie-Unterricht – als Tabelle oder Diagramm – eine wichtige Rolle. Auch im Alltag werden wir in Nachrichten oder Zeitungen mit ihnen konfrontiert. Sie erscheinen auf den ersten Blick seriös, objektiv und aktuell. Es kann aber auch vorkommen, dass inhaltliche Angaben und die Darstellungsform unzuverlässig, ungenau oder bewusst manipuliert sind. Deshalb ist ein kritischer Umgang mit diesen Materialien wichtig. Daten des Statistischen Bundesamtes, der UNO oder der EU gelten als seriös – dies gilt auch für viele Daten von diversen Ämtern. Daten privater Verbände oder aus Entwicklungsländern sollten hingegen kritischer behandelt werden.

Diagramme werden oft als Linien- oder Kurvendiagramme (Entwicklungen), Kreisdiagramme (Verteilung) oder Säulen- bzw. Balkendiagramme (Häufigkeit) verwendet. Sie sind oft anschaulicher als die bloßen Zahlen – aber auch besser manipulierbar.

Vorsicht auch bei Indexwerten sowie absoluten und relativen Werten. Indexwerte geben die Veränderung einer bestimmten Größe an, die Basis stellt zumeist 100 Prozent dar. Die zeitliche Ent-

Bilder sind in der Geographie eine wichtige Darstellungsform – als Abbild oder Ausschnitt unserer Umgebung.
Zeigen sie aber immer die reale Situation oder doch eher das, was wir sehen wollen oder sollen? Entscheidend ist immer der Blickwinkel.

M2 *Je nach Blickwinkel*

wicklung und durchschnittliche Veränderung stehen hierbei im Vordergrund – Einzelinformationen gehen dabei allerdings oft verloren. In manchen Statistiken werden gern absolute und relative Werte miteinander kombiniert oder verglichen. Absolute Zahlen geben immer einen tatsächlichen Wert an. Relative Zahlen werden für die Darstellung vom Verhältnis der Werte zueinander verwendet und stellen eine Vergleichsform dar. Die Angabe hierbei erfolgt in Prozent.

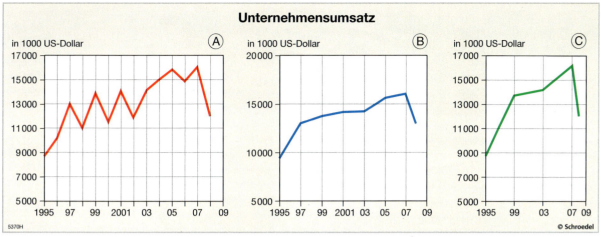

M3 *Unterschiedliche Darstellung einer identischen Unternehmensumsatz-Entwicklung*

Vier Schritte zur Auswertung von Statistiken

1. Darstellung von Sachverhalten
Welche Sachverhalte, z. B. Zeiträume, Bevölkerungsgruppen, Länderangaben o. ä. sind dargestellt?

2. Statistikform überprüfen
Weisen die Darstellungen Ungenauigkeiten auf (Nullpunkt der y-Achse in Diagrammen, Abmessungen und Eingrenzungen der Werte)?
Wurden bewusst besondere Darstellungsmittel (Farben, Linienstärken o. ä.) verwendet?

3. Grundaussagen formulieren
Gib die Inhalte der Statistik mit eigenen Worten wieder. Ergeben sich weitere Fragen?

4. Sinn und Vergleichbarkeit der Darstellung
Wurden die Daten sinnvoll ausgewählt, dargestellt und sind sie vergleichbar?
Ist eine zuverlässige Quellenangabe vorhanden?

Werden Daten in Grafiken umgesetzt, gibt es verschiedene Möglichkeiten, die Aussage zu manipulieren:
- durch die Wahl der Abmessung (Höhe, Breite);
- durch die Eingrenzung der Werteskala;
- durch das Weglassen missliebiger Zeiträume;
- durch Hinzufügen von Schätzungen, die einen gewünschten Trend verstärken.

M4 *Achtung: geschönte Diagramme!*

Stadt	High School	Universitätsgrad
Seattle	91,9 %	52,7 %
San Francisco	84,5 %	50,1 %
Washington	83,6 %	45,3 %
Atlanta	83,0 %	42,4 %
New York	79,0 %	32,2 %
Chicago	77,5 %	29,9 %
Miami	63,3 %	20,3 %
Detroit	76,1 %	12,1 %

M5 *Schulabschlüsse von über 25-Jährigen in ausgewählten Städten (2006)*

INFO
- www.statistik-portal.de/Statistik-Portal
- www.destatis.de
- www.epo.de
- http://hdr.undp.org/en/statistics
- World factbook (CIA)

❶ Statistiken sollten kritisch betrachtet werden.
a) Vergleiche die Darstellungen in M3.
b) Erkläre bewusste Manipulationen (M1, M2, M3).

❷ Betrachte die Fotos in M1 und M2.

a) Beschreibe den jeweiligen Bildausschnitt.
b) Bilde Ausschnitte deiner Wohnumgebung fotografisch real und manipuliert ab.

❸ Stelle die Daten auf unterschiedliche Weise in Diagrammen dar (M5).

❹ a) Finde „manipulierte" Statistiken oder Bildmanipulationen in Presse und Internet.
b) Bewerte diese Materialien.

Grundwissen / Übung

M1 *Boeing-Werk in Everett/Bundesstaat Washington; rechts: Länder mit dem höchsten BIP 2012 (in Mrd. US-Dollar)*

USA	15 653
China	8 250
Japan	5 984
Deutschland	3 367
Frankreich	2 580
Großbritannien	2 434
Brasilien	2 425
Italien	1 980
Russland	1 953
Indien	1 948

USA – Wirtschaftsmacht gestern und heute

Die USA sind die mit Abstand weltweit führende Wirtschaftsmacht. Chinas Wirtschaft ist in den letzten Jahren jedoch rasant gewachsen und einige Forscher vermuten, dass China die USA in den nächsten Jahren in ihrer Wirtschaftskraft überholen wird.

Der wirtschaftliche Aufstieg der USA setzte Ende des 19. Jahrhunderts ein und verstärkte sich nach dem Zweiten Weltkrieg. Es gibt dafür verschiedene günstige Voraussetzungen in den USA:
- günstige geographische Lage zwischen zwei Ozeanen,
- große Flächen fruchtbaren Bodens,
- Reichtum an Bodenschätzen,
- freie Entwicklung der Wissenschaften,
- Kreativität der Erfinder,
- durch Einwanderer großes Potenzial an qualifizierten und leistungsbereiten Arbeitskräften,
- günstige Gesetzgebung für Wirtschaft und Forschung,
- Risikobereitschaft von Kapitalgebern und Unternehmern,
- Investitionen in Forschung und Entwicklung.

In der zweiten Hälfte des 20. Jahrhunderts bewirkten vor allem Staatsaufträge einen Boom der Rüstungs- und Flugzeugindustrie sowie der Raumfahrt. In den 1970er-Jahren sank die Wirtschaftsleistung einiger Zweige. Gestiegene Rohstoffpreise und japanische Konkurrenzprodukte leiteten die Krise der US-amerikanischen Stahl-, Auto- und Elektronikindustrie ein. Viele der traditionellen Produktionsstätten wurden geschlossen.

In den 1980er-Jahren entstanden im Dienstleistungssektor neue Arbeitsplätze, die Bedeutung der Industrie nahm dagegen deutlich ab. Die Krise der „Altindustrien" konnte nicht behoben werden. Das Außenhandelsdefizit und die Staatsverschuldung der USA nahmen zu.

Anfang der 1990er-Jahre begann eine erneute wirtschaftliche Boomphase durch die Informationstechnologie. Bedeutende Erfindungen und staatliche Förderprogramme trugen zur Gründung von Computer- und Softwareunternehmen bei. Im Frühjahr 2000 sank die Arbeitslosenrate auf ihren historischen Tiefststand. In den 2000er-Jahren wurden Fertigungsprozesse verstärkt in Schwellen- und Entwicklungsländer verlagert.

Die heutige Wirtschaftsstruktur ist geprägt durch einen mechanisierten primären und einen gut ausgebauten tertiären Sektor. Die Produktivität des sekundären Sektors steigt weiter, jedoch sinkt sein Anteil an der Wirtschaftsleistung des Landes.

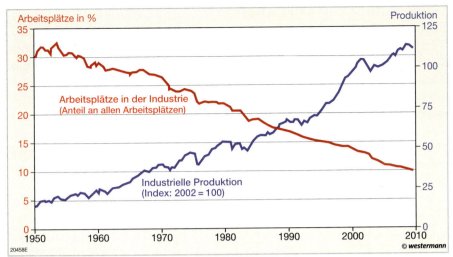

INFO

NAFTA
Die NAFTA ist das nordamerikanische Freihandelsabkommen (North American Free Trade Agreement). Die Freihandelszone umfasst die USA, Kanada und Mexiko.
Der Handel zwischen den Staaten wurde durch den Wegfall von Zöllen vereinfacht.

M2 *Entwicklung des Anteils der Arbeitsplätze in der Industrie im Vergleich zur Produktivität*

M3 *Außenhandel der USA*

	Import	Export
2007	2 020	1 148
2008	2 170	1 287
2009	1 558	1 067
2010	1 969	1 278
2011	2 263	1 480
2012	2 336	1 546
2013	2 329	1 580

M4 *Entwicklung der Exporte und Importe der USA (in Mrd. US-Dollar)*

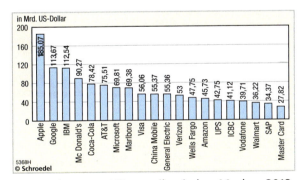

M5 *Markenwert US-amerikanischer Marken 2013*

❶ Die USA sind eine bedeutende Wirtschaftsmacht.
a) Beschreibe die Wirtschaftsentwicklung der USA seit dem Zweiten Weltkrieg.
b) Analysiere die Export-Import-Entwicklung der USA (M4).

❷ Interpretiere die Entwicklung der industriellen Arbeitsplätze und der Produktion (M2).

❸ a) Zeichne eine Kartenskizze der Welt.
b) Trage die Außenhandelsströme der USA ein (M3).
c) Beschreibe die Handelsbeziehungen (M3).
d) Erläutere die Bedeutung der NAFTA für die US-amerikanische Wirtschaft.

❹ Begründe, warum die USA eine führende Wirtschaftsmacht sind (M1, M5).

Grundwissen/Übung

Tertiärisierung der US-amerikanischen Wirtschaft

Nehmen die Arbeitsplätze im Dienstleistungsbereich zu und in der Landwirtschaft sowie in der Industrie ab, wird von **Tertiärisierung** der Wirtschaft eines Landes gesprochen. In den USA beträgt der Anteil des Diensleistungsbereichs am Bruttoinlandsprodukt rund 80 Prozent. Die Entwicklung der einzelnen Wirtschaftsbereiche zeigt seit 1940 die deutliche Tendenz zur Dienstleistungs- und Wissensgesellschaft.

Unter dem Begriff Dienstleistung werden Berufe und Tätigkeiten zusammengefasst, die im Vergleich zu Landwirtschaft und Industrie keine sicht- und anfassbaren Güter produzieren. Sie erbringen immaterielle Leistungen, die oft nur gedruckt oder elektronisch sichtbar gemacht werden können. Die Unternehmen des Dienstleistungsbereichs sind daher in der Regel selten standortgebunden. Wichtig sind direkte Kontakte oder Datenleitungen sowie fachlich qualifizierte Arbeitnehmer.

Heute haben zwar viele bedeutende Firmen aus dem Dienstleistungsbereich ihren Sitz in den USA, doch hat dies keine standortabhängigen Gründe mehr wie zu Zeiten der Industrialisierung. Es gibt allerdings räumliche Auswirkungen der Tertiärisierung, da sich die entsprechenden Einrichtungen meist in städtischen Ballungsräumen konzentrieren. Hier bilden sie häufig Standortgemeinschaften, sogenannte Cluster. Durch die schnellen Datenleitungen ist eine Tendenz zur Dezentralisierung zu erkennen.

Der Dienstleistungssektor umfasst zahlreiche Berufe, bei denen sehr große Unterschiede hinsichtlich des Einkommens, aber auch der notwendigen beruflichen Qualifikationen bestehen. Gerade die Jobs im Bereich der einfachen Dienstleistungen werden in den USA häufig so gering entlohnt, dass sie nicht zur Existenzsicherung ausreichen. Immer mehr Amerikaner gehören zu den sogenannten „working poor". Sie sind trotz ihrer Erwerbstätigkeit arm. Um ihren Lebensunterhalt zu sichern, müssen sie häufig mehreren Jobs gleichzeitig nachgehen.

Katrina Gilmore arbeitet in einem Fast-Food-Restaurant im Zentrum von Las Vegas. Sie bekommt 7,63 US-Dollar in der Stunde. Die 19-Jährige hat keine Wahlmöglichkeiten, denn als Schulabbrecherin hat sie nur einen Job als unqualifizierte Hilfskraft bekommen. Noch lebt sie bei ihren Eltern, da sie sich eine eigene Wohnung nicht leisten kann. Sie hofft allerdings auf eine Ausbildungsmöglichkeit innerhalb der Fast-Food-Kette und dann auf einen besseren Verdienst.

Teresa Gomez, 36, ist von Beruf Krankenschwester. Sie arbeitete in einem Pflegeheim für Senioren in der Nähe von Portland, Oregon, täglich von 22.30 Uhr bis 7.00 Uhr. Dafür bekam sie 9,32 US-Dollar in der Stunde bezahlt. In ihrem Job war sie nicht krankenversichert. Das musste sie extra bezahlen. Deshalb kündigte sie und nahm eine Arbeit in einer Pflegeeinrichtung für behinderte Menschen an, wo sie in der Stunde 68 Cent mehr verdient. Damit kommt sie etwas besser über die Runden.

In New York City arbeitet der 41-Jährige Malcolm Brown tagsüber als Automechaniker. Er verdient mit 21,50 US-Dollar pro Stunde eigentlich ganz gut. Sein Sohn Jason hat eine chronische Krankheit und die monatliche Versicherung für 640 US-Dollar deckt bei weitem nicht alle Kosten für die Therapie ab. Obwohl auch seine Frau Sandy arbeitet, musste Malcolm einen zweiten Job als Sicherheitsmann in einem Bankgebäude in Manhattan annehmen, wo er zwei Mal in der Woche im Nachtdienst arbeitet.

M1 *Berufsbilder im US-amerikanischen Dienstleistungsbereich*

Die Beschäftigtenstruktur der USA zeigt das typische Bild einer Dienstleistungsgesellschaft, bei der Landwirtschaft und Industrie zunehmend an Bedeutung verlieren. Der globale Wettbewerb betrifft vor allem die Stahl-, Automobil- und Flugzeugbauindustrie, während der Hightechsektor (besonders Computer, Elektronik und Biochemie) deutlich zunimmt.

Mit dem Wandel in der Beschäftigtenstruktur ist auch eine räumliche Veränderung verbunden. Während im traditionellen Industriegürtel zwischen Ostküste und Großen Seen nur gemäßigte Werte in der Beschäftigtenentwicklung zu beobachten sind, verzeichnen der Süden und insbesondere der Westen des Landes deutliche Beschäftigungsgewinne.

Wichtige Standorte der Hightechindustrie sind das Silicon Valley, die sogenannte Route 128 bei Boston oder das Research Triangle in North Carolina, die sich alle durch ein besonderes, „kreatives Unternehmensmilieu" auszeichnen.

Diese Industrien benötigen keine Nähe zu Rohstoffen, sondern vielmehr zu innovativen, bildungsintensiven Universitäten und Forschungseinrichtungen, die das gebildete Humankapital für diesen Wirtschaftsbereich bereitstellen.

M2 *Wandel der Beschäftigten- und Raumstruktur*

„Eine Reihe neuer Branchen bildete sich in den 1990er-Jahren im hochwertigen Dienstleistungssektor heraus. Deren Wachstumsprognosen werden auch in näherer Zukunft als gut eingestuft. Dazu gehören beispielsweise Kongressmanager, Webmaster, Umweltingenieure, Netzwerkmanager, Liquidationsspezialisten, Desktop-Publishing-Spezialisten, […]. Den größten Zuwachs jedoch verzeichneten der gesamte Bereich der Gesundheits- und Sozialdienste, der unternehmensbezogenen Dienstleistungen und des Bildungs- und Ausbildungswesens sowie Management-Assistenten, nachdem das traditionelle Sekretariatswesen von Computer, E-Mail-Gebrauch und Voicemail abgelöst worden ist."

(Quelle: Schneider-Sliwa, Rita: USA. 2005)

M4 *Neue Dienstleistungsbranchen*

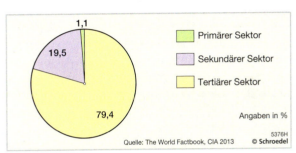

M5 *Anteil der Sektoren am BIP der USA (2013)*

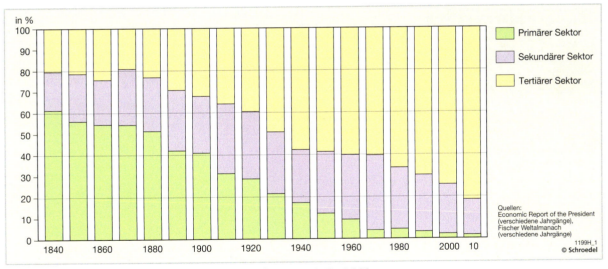

M3 *Entwicklung der Erwerbstätigen nach Sektoren 1840–2010*

❶ Tertiärisierung ist eine entscheidende Veränderung in der Wirtschaftsstruktur.
a) Erkläre den Begriff Tertiärisierung.
b) Nenne zehn Dienstleistungsberufe (M1, M4).
c) Erläutere die Entstehung neuer Dienstleistungsbranchen (M4).
d) Nenne Standortfaktoren des tertiären Sektors.

❷ „Die USA sind eine Dienstleistungsgesellschaft."
a) Nimm Stellung zu dieser Aussage (M2, M3, M5).
b) Erkläre den Begriff „working poor" (M1).

Grundwissen / Übung

Strukturwandel im Manufacturing Belt

M1 *Der Manufacturing Belt Anfang des 20. Jh.*

Der **Manufacturing Belt** ist eine der ältesten Industrieregionen der USA. Aufgrund von Eisenerz- und Kohlevorkommen konnte sich dort die Schwerindustrie herausbilden. Die Entwicklung der Region profitierte zusätzlich vom Ausbau des Eisenbahnnetzes. Zu Beginn des 20. Jahrhunderts hatte der Manufacturing Belt seine volle Größe entfaltet. Die Großstädte Chicago und Milwaukee waren in dieser Zeit Zentren der Lebensmittelindustrie, während sich die aufkommende Automobilindustrie auf Detroit und die Stahlindustrie auf Pittsburgh konzentrierte. Die Region südlich der Großen Seen war vor dem Zweiten Weltkrieg das führende Industriegebiet der Welt und galt als „Werkstatt der Nation". Detroit war zeitweise die größte Industriestadt der Welt.

Seit den 1950er-Jahren begann der Niedergang des Manufacturing Belt, der heute als „Rust Belt" bezeichnet wird. Durch die Automatisierung in den Werken wurden immer weniger Arbeiter gebraucht. Neue Werkstoffe ließen die Nachfrage nach Stahl sinken. Die Produktion von Autos sowie anderer Industriegüter wurde in die billiger produzierenden Entwicklungsländer ausgelagert. Es kam zur Deindustrialisierung und infolgedessen zur Abwanderung vieler Menschen aus dieser Region.

M2 *Das erste am Fließband produzierte Automobil*

INFO

Strukturwandel

Ändert sich die wirtschaftliche Struktur eines Gebietes, so spricht man von einem Strukturwandel. Um wirtschaftlichen Krisen vorzubeugen, strebt man eine möglichst vielseitige Wirtschaftsstruktur an. Die Umstellung von einer einseitigen Wirtschaftsstruktur auf eine Wirtschaft, die von vielen Branchen getragen wird, ist kennzeichnend für einen Strukturwandel.

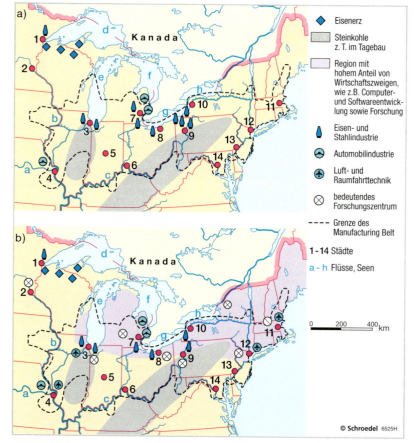

M3 *Wandel des Manufacturing Belts, a) bis 1969, b) bis heute*

2013 hat Detroit Konkurs anmelden müssen. Es war die ultimative Demütigung einer Stadt, die einmal die viertgrößte Metropole der USA war, die stolze Heimat der „Big Three", der drei großen Autokonzerne Chrysler, Ford und General Motors. Die Stimmung hat das nicht getrübt, ebenso wenig wie den Glanz in den Augen der Presseleute, die die Stadt gerade jetzt vermarkten wollen, mitten in der Krise.

Nicht nur Chrysler hat inzwischen den Vorteil entdeckt, Produkte „Imported from Detroit" zu verkaufen. „Made in Detroit" heißt eine hippe Kleidermarke, und es gibt Shinola, ein neues Detroiter Unternehmen, das Schuhcreme, Fahrräder, Uhren und lederne Hüllen für iPhones verkauft, eine eher wirre Palette von Produkten. Aber ein Wort steht überall, auf den Uhren wie auf dem Kettenschutz der Fahrräder: „Detroit".

Es gilt inzwischen als schick, in Detroit zu investieren oder zumindest ein Produkt zu kaufen, das in Detroit produziert wurde. Ein Auto aus Detroit ist wie eine Jutetasche aus Afrika, ein Symbol der Wohltätigkeit. Unternehmer präsentieren sich mit überlebensgroßen Schecks, um zu zeigen, dass sie der Stadt wieder auf die Beine helfen. „Detroit ist nun ein Fall für die Wohltätigkeit", schrieb die „New York Times".

Detroit war einmal eine boomende Stadt mit fast zwei Millionen Einwohnern, heute leben nur noch rund 700 000 dort. Etwa 90 000 Häuser stehen leer, eine Warnung vor dem, was bleibt, wenn ein Land sein Gemeinwesen vernachlässigt, seine öffentliche Infrastruktur, die industrielle Basis, wenn sich das, was der amerikanische Traum genannt wird, verflüchtigt. Das Scheitern Detroits hat eine besondere Symbolkraft für den Rest des Landes, denn lange stand diese Stadt für den amerikanischen Traum. Aber irgendwann ließen sich die großen, durstigen Autos der „Big Three" nicht mehr gut verkaufen, und Detroits Absturz entzweite die Stadt.

Es gibt auch das andere Detroit. Da ist die Skybar im David Stott Building, der Szenetreff in dem alten Art-déco-Hochhaus, das über Detroit aufragt. Künstler eröffnen Galerien, und Restaurantketten feiern ihre Rückkehr nach Detroit.

(Quelle: Hujer, Marc: Ruinen-Porno. in: Spiegel-online.de, 14.10.2013)

M4 *Detroits Niedergang und Hoffnung*

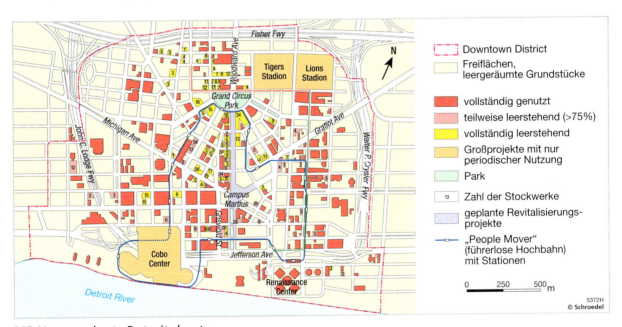

M5 *Nutzungskarte Detroits heute*

❶ Der Manufacturing Belt ist ein wichtiges Industriegebiet der USA.
a) Beschreibe die Lage des Manufacturing Belt (M1, Atlas).
b) Benenne die Städte, Flüsse und Seen in M3 (Atlas).

❷ Strukturwandel im Manufacturing Belt.
a) Erläutere die Ursachen und Folgen der Strukturkrise (M3–M5).
a) Erkläre die Neuansätze der Stadt Detroit (M4, M5).

❸ Vergleiche die Entwicklung des Manufacturing Belt mit der des Ruhrgebietes (Atlas, Internet).

Grundwissen / Übung

M1 *Branchenvielfalt im Sunbelt*

Sunbelt

Der **Sunbelt** ist ein Band mit städtischen Konzentrationen und zieht sich von San Francisco im Westen bis Miami im Osten. Mit der Krise im Manufacturing Belt und im Zuge der Tertiärisierung der US-amerikanischen Wirtschaft wurde der Sunbelt für viele Firmen ein wirtschaftlich attraktiver Standort. Standortvorteile gegenüber dem Manufacturing Belt waren unter anderem: große Seehäfen, niedrige Steuern, geringe Umweltauflagen, hoch motivierte Wissenschaftler aus den Universitäten, Subventionen, angenehmes Klima sowie ein hoher Freizeitwert. In diesen neuindustrialisierten Gebieten finden sich heute die Wachstumsbranchen der zweiten Hälfte des 20. Jahrhunderts: Erdölwirtschaft, Luft-, Raumfahrt- und IT-Industrie sowie Dienstleistungen verschiedenster Art.

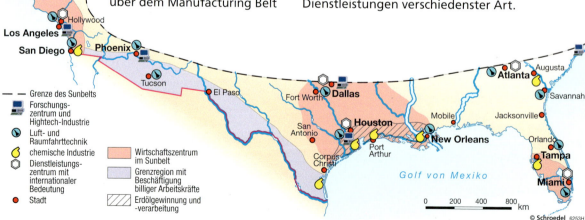

M2 *Sunbelt (Sonnengürtel) – Standort neuer und zukunftsträchtiger Industrien*

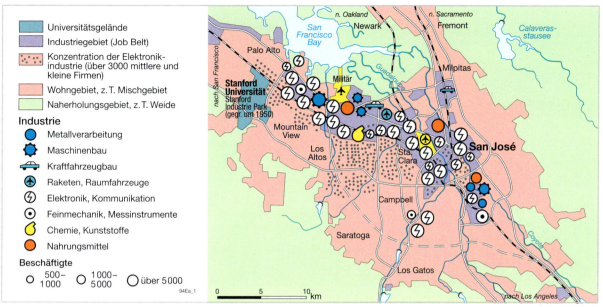

M3 *Wirtschaftsstruktur im Silicon Valley*

Im Jahre 1901 wurde in der Nähe der verschlafenen Kleinstadt Houston erstmals Erdöl gefunden. In den folgenden Jahren verbesserten mehrere Infrastrukturmaßnahmen die Verkehrsanbindung. Seit 1914 ist ein 60 km von der Küste entfernter Hafen in Betrieb. Hochseeschiffe erreichen ihn über einen eigenen Kanal. Rund um das Erdöl entstanden eine Vielzahl von Beschäftigungsmöglichkeiten, z. B. in der chemischen Industrie. Auf der Suche nach Arbeit zogen immer mehr Menschen nach Houston.

Ein weiterer entscheidender Entwicklungsimpuls ging von der Eröffnung des Lyndon B. Johnson Space Centers aus (1961). Heute beschäftigt allein die NASA circa 14 000 Menschen in der Stadt. Drei Universitäten bilden mehr als 42 000 Studenten aus. Viele Institute arbeiten mit der Luft- und Raumfahrtindustrie, der Erdölindustrie oder dem Texas Medical Center zusammen.

Der Flughafen von Houston ist einer der bedeutendsten der USA. Er gibt etwa 25 000 Menschen im Dienstleistungssektor Arbeit.

M4 *Houston*

In den letzten Jahren hat auch der Sunbelt mit Problemen zu kämpfen. Steigende Mieten, fehlende preiswerte Wohnungen und ein weiterhin hoher Zuzug wirken sich negativ auf die Region aus. Die Grundstückspreise steigen und die Infrastruktur ist überlastet. Bewohner mit unteren und mittleren Einkommen werden aus ihren bisherigen Wohnungen verdrängt. Hinzu kommt, dass die Wirtschaft im Silicon Valley weniger rasant wächst als zu Beginn des 21. Jahrhunderts. Hightech-Produkte aus Asien sind günstiger und der Markt ist zusehends damit gesättigt. Die Umweltauflagen für Unternehmen stiegen in den letzten Jahren deutlich an. Aus niedrigen Löhnen wurden hohe Gehälter, was zu einem Anstieg der Produktionskosten und einer Verteuerung der Produkte führt. Aber auch Naturgewalten, wie zum Beispiel Erdbeben und Hurrikans, gefährden dieses Gebiet.

M5 *Probleme im Sunbelt*

❶ Der Sunbelt gehört zu den wichtigsten Wirtschaftsregionen der USA.
a) Beschreibe die Lage des Sunbelt (M2, Atlas).
b) Präsentiere in einem Kurzvortrag diese Wirtschaftsregion. Gehe dabei auf die Entwicklung, typische Wirtschaftszweige und Probleme ein (M1–M5).

❷ Von einer IBM-Sprecherin stammt der Satz: „Als die Probleme im Manufacturing Belt zunahmen, wurde der Sunbelt für viele Unternehmen und Arbeitnehmer interessant." Erkläre (M1–M4).

❸ „Der Sunbelt wird häufig als Zukunftsland bezeichnet." Erläutere diese Aussage (M1–M3).

Grundwissen / Übung

M1 *Feedlot zur Massentierhaltung von Rindern*

Agrobusiness

Die Landwirtschaft in den USA hat sich in den letzten Jahrzehnten massiv verändert. Die klassische Farm, auf der auch Cowboys arbeiten, gibt es immer seltener. Vor allem die Masse der Produktion landwirtschaftlicher Güter wird heute in industrialisierter Form, in sogenannten Factory Farms, durchgeführt. Dadurch veränderte sich die Organisation der Produktion. Die Produktionsabläufe von der Herstellung über die Verarbeitung bis zur Vermarktung sind in der Hand eines Unternehmens. Die Größe der Farmen ist eine andere: Feedlots fassen bis zu 120 000 Tiere und Weizenfarmen mit 100 000 Hektar sind keine Seltenheit. Diese Form der Landwirtschaft wird geprägt durch: Motorisierung, Mineraldünger, Pestizideinsatz, Bewässerung und Zuchtsaatgut.

Die Getreideproduktion und die Rindermast bilden die zwei Säulen der US-amerikanischen Landwirtschaft. Beide Produkte sind durch das **Agrobusiness** zur Massenware geworden.

M2 *Family Farm – neben den Großbetrieben gibt es auch noch die traditionellen Landwirtschaftsbetriebe*

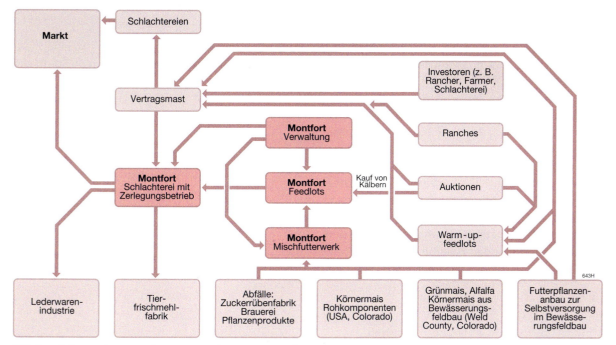

M3 *Betriebsstrukturen des Unternehmens Montfort*

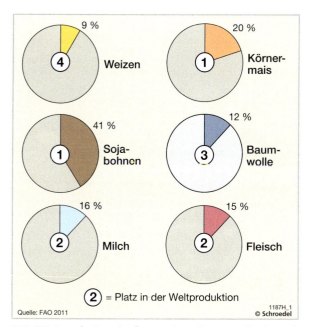

M4 *US-Landwirtschaft – weltweite Anteile (2011)*

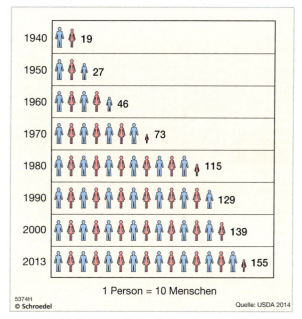

M5 *Anzahl der Menschen, die ein US-Bauer ernährt*

❶ Die Landwirtschaft ist ein wichtiger Wirtschaftsbereich der USA.
a) Untersuche die naturgeographischen Bedingungen für die Landwirtschaft (Atlas).
b) Nenne Merkmale der heutigen US-Landwirtschaft (M1–M5).
c)  Beschreibe die Landwirtschaft in Kalifornien (Atlas, Internet).

❷ Die Landwirtschaft hat sich verändert.
a) Erläutere den Strukturwandel in der US-Landwirtschaft (M1–M3).
b) Beschreibe die Strukturen des Agrobusiness am Beispiel des Unternehmens Montfort (M3).

❸ „Agriculture is America's biggest industry." Beurteile diese Aussage (M4, M5).

Grundwissen / Übung

Modell der nordamerikanischen Stadt

Die nordamerikanischen Städte sind jung. Die meisten Gründungen erfolgten im 18. und 19. Jahrhundert. Die Städte nehmen in der Regel große Flächen ein. Im Zentrum, dem sogenannten **Central Business District (CBD)**, stehen die höchsten Gebäude der Stadt. Die Bebauung der übrigen Stadtfläche zeichnet sich durch mehrstöckige Häuser aus, die in Richtung Stadtrand in Einfamilienhäuser übergeht. Ein weiteres Kennzeichen der nordamerikanischen Stadt ist das schematische, meist schachbrettartige Straßennetz. Viele Straßen sind systematisch nummeriert und tragen den Zusatz Street oder Avenue. Zu einer nordamerikanischen Stadt gehören auch Vororte, **Suburbs** genannt. Sie sind durch Einfamilienhäuser geprägt und oft die Bereiche einer Stadt, die wachsen.

> Allgemeine Merkmale eines Objektes oder Sachverhaltes können in Modellen zusammengefasst werden. Das Modell der nordamerikanischen Stadt fasst Merkmale des Grundrisses, der Bebauung und der Funktionen zusammen. Stadtteile werden aufgrund ihrer Lage und Funktion unterschieden. Die typischen Bestandteile der nordamerikanischen Stadt sind: der Central Business District, ein Übergangsbereich und das Umland.

M2 *Arbeit mit Modellen*

M1 *Schrägluftbild Chicago*

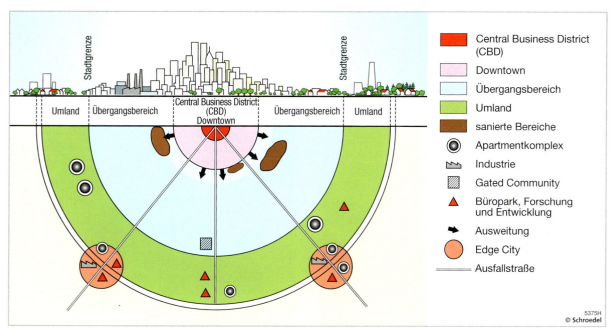

M3 Modell der nordamerikanischen Stadt

CBD und Downtown

Der Central Business District bildet das Geschäftszentrum der Stadt und ist durch viele Wolkenkratzer gekennzeichnet. Downtown ist der weitere Kernbereich um den CBD und wird durch eine Hochhausbebauung geprägt. Hier treffen sich die Hauptverkehrswege der Stadt und es sind Hotels, Büros, Handel und Dienstleistungseinrichtungen ansässig.

Übergangsbereich

Drei- bis viergeschossige Wohnhäuser und kleine Industriebetriebe prägen dieses Stadtbild. Außerdem befinden sich in diesem Bereich oftmals sogenannte Gated Communities. Das sind von Zäunen und Mauern umgebene Wohnanlagen der Mittel- und Oberschicht.

Umland

Im Umland befinden sich die Suburbs (Vororte), die durch Einfamilienhäuser und Versorgungseinrichtungen geprägt sind. An wichtigen Verkehrsknotenpunkten entstanden Außenstadtzentren (**Edge Cities**). Hier haben sich Industriebetriebe, große **Shopping Malls**, Freizeit- und Bildungseinrichtungen sowie Einrichtungen der Forschung und Entwicklung angesiedelt.

M4 Teile der nordamerikanischen Stadt

❶ Die Städte Nordamerikas haben eine besondere Struktur.
a) Beschreibe das Modell der nordamerikanischen Stadt (M1 – M4).
b) Erläutere die Eigenschaften der verschiedenen Zonen des Modells (M3, M4).
c) „Der CBD ist eine eigene Stadt." Prüfe diese Aussage (M1 – M4).

❷ Das Modell der nordamerikanischen Stadt weist typische Bestandteile auf.
a) Lege Transparentpapier auf das Luftbild von Chicago. Grenze Teile des Stadtmodells voneinander ab (M1).
b) Vergleiche die nordamerikanische Stadt mit Berlin (M3, Atlas).

Grundwissen / Übung

M1 *Downtown Los Angeles*

M3 *Luftbild eines Suburbs von Los Angeles*

Veränderungen innerhalb der Stadtregion

1781 wurde an der Stelle des heutigen Los Angeles eine kleine Missionsstation gegründet. Heute ist Los Angeles die zweitgrößte Stadt der USA. Die Stadtentwicklung in den USA wurde vor allem durch die Motorisierung geprägt. Im 20. und 21. Jahrhundert lassen sich verschiedene Entwicklungsphasen unterscheiden.

1. Suburbanisierung

Durch die Massenmotorisierung kam es in den Innenstädten zu großen Problemen wie Staus und Umweltverschmutzung. Die Mittel- und Oberschicht wanderte an den Stadtrand ab, wo durch Einfamilienhäuser geprägte Wohnsiedlungen (Suburbs) entstanden. In die Stadtwohnungen zogen weniger wohlhabende Bevölkerungsschichten, langsam entstanden Armenviertel.

Jahr	Kernstadt	Metropolitan Area
1860	4	–
1900	102	–
1920	577	1 150
1970	2812	9981
2013	3884	10017

M2 *Bevölkerungsentwicklung in Los Angeles (in Tausend)*

2. Entstehung von Shopping Malls

Handel und Gewerbe zogen der Kaufkraft in den Suburbs hinterher. Es entstanden riesige, überdachte Einkaufszentren mit Hunderten Geschäften und bis zu 10 000 Parkplätzen. Der CBD verlor immer mehr an Bedeutung.

3. Herausbildung der Edge City

Auch Industrie und Großhandel wanderten in die Vororte ab, dort entstanden Industrieparks. Als auch Banken, Versicherungen und Verwaltungen folgten, bildeten sich in den Außenbereichen der Großstädte multifunktionale Zentren, die Edge Cities.

4. Revitalisierung der Innenstädte

Die verwaisten und verfallenen Wohngebiete in der Nähe des CBD wurden von den Kommunen aufgekauft, abgerissen und die entstandenen Freiflächen unter Wert an private Investoren verkauft. Diese errichteten dort mit staatlichen Subventionen Dienstleistungszentren oder Luxuswohnquartiere. Durch den erneuten Zuzug der Ober- und Mittelschicht erfolgte eine soziale Aufwertung in den zentrumsnahen Gebieten und das Image der Innenstädte verbesserte sich.

M4 *Lindsay und ihre Familie*

M6 *Wohnhäuser im Suburb*

„Hallo, ich bin 14 Jahre alt und lebe mit meiner Familie in Los Angeles, Kalifornien. Genauer gesagt wohnen wir in Anaheim, einem Vorort oder Suburb von L. A. Hier gibt es nur Wohnhäuser und einige Einkaufszentren. Früher lebten wir in Phoenix, Arizona. Doch mein Dad bekam in L. A. einen besseren Job bei einer Bank. Als meine Eltern unser Haus in Anaheim kauften, haben sie sich die Nachbarschaft genau angesehen, denn bei uns ist es üblich, dass man in Gegenden zieht, in denen die Herkunft, Bildung oder das Einkommen der Menschen ähnlich sind. Es gibt sogar ganze Stadtteile, in denen nur Menschen mit der gleichen Herkunft wohnen. In der Nähe des Stadtzentrums gibt es Viertel, in denen früher wohlhabende Menschen lebten. Doch als sie wegzogen und kein Geld mehr in die Häuser investiert wurde, zogen weniger wohlhabende Menschen dorthin. So wurden diese Stadtteile zu Armenvierteln, in denen nun viele Arbeitslose und Obdachlose leben.

Jeden Morgen fahre ich mit dem Schulbus zur Schule, während meine Mom und mein Dad mit dem Auto zur Arbeit fahren. Dad arbeitet in Downtown. Dort gibt es vor allem Banken, Büros und Verwaltungsgebäude. Tagsüber ist dort viel los. Aber abends ist es leer, da dort fast niemand wohnt.

Meine Mom arbeitet in einer Kanzlei, die außerhalb der Stadt liegt. Sie hat nie Probleme, einen Parkplatz zu finden, weil dort viel mehr Platz als in der Innenstadt ist. Busse fahren allerdings nicht dorthin.

Am Nachmittag fahren wir häufig in ein Einkaufszentrum, in eine Shopping Mall. Dort kann man alles bekommen. Es gibt Supermärkte, Bekleidungsgeschäfte, Restaurants und vieles mehr. Viele Geschäfte haben 24 Stunden am Tag geöffnet. Normalerweise brauchen wir mit dem Auto etwa eine halbe Stunde zur nächsten Mall. Doch meistens stehen wir im Stau und benötigen mehr Zeit. Das ist besonders anstrengend, wenn wir wegen der Witterung und der Abgase Smog haben. Die ganze Stadt liegt dann unter einer Dunstglocke. Es sieht aus, als wäre es neblig, und man muss dauernd husten. Eine Alternative zum Auto gibt es allerdings nicht."

M5 *Lindsay erzählt*

❶ Die nordamerikanische Stadt hat sich in den letzten Jahrzehnten stark verändert.

a) Beschreibe den Entwicklungsprozess der nordamerikanischen Städte (M1 – M6).

b) Stelle Argumente für eine Pro-Kontra-Diskussion zusammen: „Die Suburbanisierung ist positiv für die Städte."

❸ Formuliere einen Brief, in dem du Lindsay über deine Wohn- und Lebenssituation berichtest und vergleichst.

Grundwissen / Übung

M1 *Satellitenbild USA bei Nacht*

M3 *Schrägluftbild New York*

Städtische Agglomerationen und Städtebänder

Eine sehr große städtische Siedlung wird auch als **Agglomeration** bezeichnet. Sie umfasst die Kernstadt sowie das suburbane Umland. Manchmal verfügt eine Agglomeration auch über mehrere Siedlungskerne.

New York ist eine Agglomeration mit vielen Gegensätzen. Einerseits sind Jahreseinkommen von mehr als einer Million US-Dollar nicht ungewöhnlich, andererseits lebten 2012 über 43 000 New Yorker auf der Straße. In der Stadt gibt es circa 180 ethnische Gruppen. Konzentrieren sich in einem Stadtteil mehrheitlich Einwohner einer nationalen Herkunft, so spricht man von einer „Ethnic Neighborhood".

Werden benachbarte Städte so groß, dass zwischen den einzelnen Siedlungen keine Stadtgrenzen mehr zu erkennen sind, können sie zu sogenannten **Städtebändern** zusammenwachsen. Städtebänder sind demnach eine Aneinanderreihung von Siedlungskernen entlang einer Verkehrsstrasse, die eine zusammenhängende verstädterte Zone bilden.

In den USA gibt es drei große Städtebänder: Zwischen San Francisco und San Diego („SanSan"), zwischen Chicago und Pittsburgh („ChiPitts") sowie zwischen Boston und Washington („BosWash").

M2 *Ballungsräume, Millionenstädte und Anteil der Stadtbevölkerung in den USA (US Census 2010)*

Brooklyn

*Gilbert Kelly, 62, lebt seit 1984 im nördlichen Teil von Brooklyn, genannt Clinton Hill. Heute verbringt er seinen Tag mit dem Einsammeln von Flaschen und dem Fegen der Bürgersteige der Grand Avenue. Er sieht, wie sich sein Viertel gewandelt hat. Kelly arbeitete als Briefträger im Postamt am Ende der Straße. Seit er aus dem Gefängnis entlassen wurde, hält er die Straßen in seiner Nachbarschaft sauber. In der Region, in der Kelly lebt, ist der Anteil der schwarzen Bevölkerung in den letzten zehn Jahren um 40 Prozent zurückgegangen, während sich der Anteil der Weißen als Folge der **Gentrifizierung** vervierfacht hat. „Dies war ein von Drogen geprägtes Gebiet", erzählt Kelly. In den 1980er-Jahren machten die Menschen einen großen Bogen um dieses Stadtviertel. In den frühen 2000er-Jahren begannen sich die Dinge zum Besseren zu entwickeln. Die Umgebung ist sicherer geworden. Kelly glaubt, dass zukünftig mehr Menschen nach Brooklyn ziehen werden. Der Rückgang der Drogenaktivitäten hat zu einer freundlicheren Atmosphäre unter den Anwohnern des Viertels geführt.*

Manhattan

Erstmals seit den 1970er-Jahren ist eine Mehrheit der Bevölkerung Manhattans weiß. Eine Ursache dafür ist die Zuwanderung von Weißen, die in der Wall Street arbeiten, sowie Ehepaaren, die in der Umgebung wohnen und Familien gründen. Andrew A. Beveridge, ein Soziologe an der City University of New York, berichtet: „Überall, besonders aber bei jungen Leuten, ist der Trend zum Leben in der Stadt zu erkennen. Die Menschen würden einiges dafür geben, um jetzt in Manhattan leben zu können." Es ist zu beobachten, dass der Stadtteil zu einem Platz sehr wohlhabender Menschen wird. Für ärmere Menschen und Familien wird es zunehmend unmöglich, in Manhattan zu bleiben. Paul Stringer, der in Manhattan lebt, sagt: „Die Eintrittskarte, um hier zu leben, ist ein Eine-Million-Dollar-Appartement. Es ist faszinierend und großartig, in Manhattan zu leben, aber zum Beispiel Lehrer und Krankenschwestern können sich das teure Leben hier nicht mehr leisten. Ich liebe das schnelle Leben in meinem Bezirk; ich kann mir nicht vorstellen, woanders zu wohnen."

M4 *Das Leben in verschiedenen Stadtteilen New Yorks*

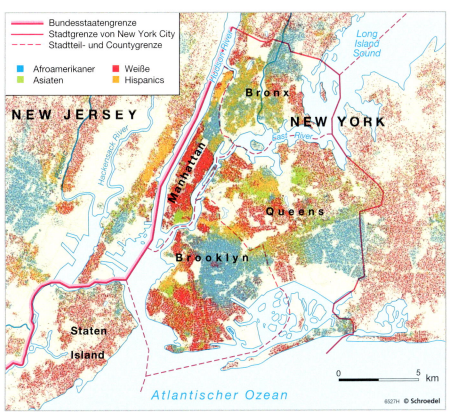

M5 *Bevölkerungsverteilung in New York (jeder Punkt entspricht 1 000 Einw.)*

❶ Städtebänder sind eine besondere Entwicklung.
a) Erkläre die Begriffe Städteband und Agglomeration.
b) Lokalisiere Städtebänder (M1, M2, Atlas).

❷ New York ist Teil eines Städtebandes.
a) Beschreibe die geographische Lage von New York (Atlas).
b) Beschreibe die Verteilung der verschiedenen ethnischen Gruppen in New York (M5).
c) Erstelle eine Tabelle mit Informationen zum Leben in den „Ethnic Neighborhoods" (M4).
d) Vergleiche mit der Nachbarschaft, in der du lebst.

Grundwissen/Übung

Gewusst – gekonnt: Angloamerika

1. Die Abbildungen zeigen Kartenausschnitte zu verschiedenen Gebieten Angloamerikas.

a) Bestimme mithilfe des Atlas die Landschaften A, B und C.
b) Formuliere jeweils drei Lagemerkmale zu den Gebieten (Himmelsrichtung, Staat, Bundesstaat/Provinz …).
c) Bezeichne die in den Kartenausschnitten erkennbaren Gewässer und Landschaften.

2. Begriffsgruppen bilden

a) Bilde mithilfe der topographischen Begriffe zu Angloamerika vier Begriffsreihen nach folgendem Muster: Stadt – Fluss – Bundesstaat/Provinz (Atlas).
b) Ergänze zwei weitere Reihen nach dem vorgegebenen Muster.

3. Untersuche die Bevölkerungsentwicklung der Stadt Detroit.

a) Setze die Daten zur Bevölkerung in ein Diagramm um.
b) Beschreibe die Bevölkerungsentwicklung.
c) Begründe diese Entwicklung.

Jahr	1850	1870	1890	1910	1930	1950	1970	1990	2010
Einwohner in Tausend	21	80	206	466	1599	1850	1511	1028	714

4. Stelle die Besonderheiten Angloamerikas heraus.

a) Bilde geeignete Oberbegriffe zu den Inhalten der Fotos (A – E).
b) Ordne die Fotos zu.
c) Formuliere zu den Oberbegriffen passende Unterbegriffe.
d) Erarbeite mit zwei Mitschülern zu einem der ausgewiesenen Themen eine Zusammenfassung (Fachbegriffe, Merkmale, Prozesse, Probleme). Nutze dazu auch die entsprechenden Ober- und Unterbegriffe.
e) Präsentiere anschließend den anderen Mitschülern deine Arbeitsergebnisse.

5. Die Besiedlung Angloamerikas

Nimm Stellung zu der Aussage: „Die Erschließung und Besiedlung Angloamerikas brachten massive Veränderungen für diesen Teil Amerikas."

6. Fachbegriffe des Kapitels

Angloamerika	Blizzard
Lateinamerika	Hurrikan
Homestead Act	Tornado
Hispanics	Tertiärisierung
Afroamerikaner	Manufacturing Belt
Native Americans	Sunbelt
Großlandschaften	Agrobusiness
Schild	Central Business District
Canyon	Suburb
Sedimentschicht	Edge City
Verwitterung	Shopping Mall
endogene Prozesse	Suburbanisierung
exogene Prozesse	Agglomeration
Coloradoplateau	Städteband
Northers	Gentrifizierung

Übung

Lateinamerika

Rio de Janeiro (Brasilien)

M1 *Migranten auf dem Weg nach Norden*

M3 *Grenze zwischen den USA und Mexiko*

Zwischen Anglo- und Lateinamerika

Sie ist über 3 200 km lang und wird pro Jahr von mehr als 350 Mio. Menschen an den Ein- und Ausreisepunkten legal gequert – die Grenze zwischen den USA und Mexiko ist nicht nur eine zwischen zwei Staaten, sondern trennt auch Angloamerika und **Lateinamerika**. Lange fühlten sich die Menschen beiderseits der Grenze einander nah. Schließlich gehörten große Teile des Südwestens der USA bis Mitte des 18. Jahrhunderts zu Mexiko. Wanderarbeiter kamen nach Norden, um bei der Ernte zu helfen und kehrten nach der Saison wieder zurück. Seit Mitte der 1990er-Jahre aber wird die Grenze von Seiten der USA bis heute mit hohem finanziellem und technischem Aufwand ausgebaut. Mit dem mehrere Meter hohen Grenzzaun wollen die USA den Ansturm der illegalen Einwanderer aus dem lateinamerikanischen Ländern Einhalt gebieten.

Viele Organisationen sehen den Ausbau der Grenzanlagen kritisch. *„Die USA müssen anfangen, Mexiko nicht länger als Problem, sondern als Partner zu verstehen"*, meint Lateinamerika-Expertin Shannon O'Neil. Noch sind die wirtschaftlichen und sozialen Unterschiede groß. Aber nicht nur Mexiko, sondern auch die meisten anderen lateinamerikanischen Staaten holen langsam auf. Die Länder Mittel- und Südamerikas verfügen über viele Rohstoffe, eine junge Bevölkerung und eine aufstrebende wirtschaftliche Entwicklung.

Er heißt la bestia, die Bestie. Der Güterzug, der Mexiko durchquert Richtung US-Grenze. Die Waggondächer sind voll mit Menschen aus dem Süden Mexikos und den Ländern Mittelamerikas. Sie alle haben nur ein Ziel: die USA – vage Hoffnung auf ein besseres Leben. Don Celestino ist 70 Jahre alt. Er lebt in dem kleinen Dorf La Fuente im mexikanischen Hochland – nicht weit von der Eisenbahnstrecke. Seit den Zeiten seines Großvaters hat seine Familie ein kleines Stück Land – kaum größer als drei Fußballfelder. Mais bauen sie dort an und Bohnen. Zu wenig für seine fünf Kinder: *„Einer meiner Söhne war schon mal drüben, und ich glaube, er will wieder weg, denn hier kann er seine Familie nicht durchbringen. Wir haben Verwandte, die sind schon länger in den USA, und er kann bei ihnen im Restaurant arbeiten. Klar muss er als Illegaler über die Grenze und er setzt dabei sein Leben aufs Spiel. Wir können nur auf Gott hoffen, dass er durchkommt."* Die Alternative wäre, in eine der mexikanischen Großstädte zu gehen. Aber auch dort gibt es zu wenig reguläre Arbeit – beinah jeder dritte Mexikaner muss sich als Tagelöhner verdingen – Schuhe putzen oder irgendwas auf der Straße verkaufen.

Es bleiben die USA: Elf Millionen Illegale leben dort zurzeit, mehr als die Hälfte davon kommt aus Mexiko. Auf den nordamerikanischen Feldern, in vielen Betrieben sind sie kaum noch wegzudenken – als billige, verlässliche Arbeitskräfte. Und auch für Mexiko sind sie wichtig. 20 Mrd. US-Dollar überweisen die Auswanderer jedes Jahr an ihre Familien in der Heimat. Das ist doppelt so viel Geld, wie das Land im Tourismus einnimmt. […]

(Quelle: Polansky, Martin: Bleibt weg und schickt Geld. in: Deutschlandradio. 2011.)

M2 *Grenzzug in Mexiko*

M4 Karikatur

M6 Herkunft der illegalen Einwanderer in die USA

Bruttonationaleinkommen je Einwohner (in US-Dollar)	1990	2000	2010	2013
Nordamerika	31 411	38 858	41 790	42 362
Mittel- und Südamerika	3 928	4 470	5 336	5 579
Bevölkerung im arbeitsfähigen Alter (in Mio.)				
Nordamerika	142,7	163,4	176,9	178,3
Mittel- und Südamerika	163,8	218,2	270,4	275,7
Kindersterblichkeit (pro 1000 Lebendgeburten)				
Nordamerika	11	8,3	7,3	7,3
Mittel- und Südamerika	54	35	23	19
Lebenserwartung (in Jahren)				
Nordamerika	75,4	77	78,9	79
Mittel- und Südamerika	67,9	71,4	74	75
Internetnutzer in der Bevölkerung (in %)				
Nordamerika	0,7	44,0	74,6	81,6
Mittel- und Südamerika	0,0	3,0	34,2	42,7
Mobilfunkverträge (pro 100 Einwohner)				
Nordamerika	2	38	90	91
Mittel- und Südamerika	0	12	96	106

M5 Anglo- und Lateinamerika im Vergleich

❶ Die Grenze zwischen Mexiko und den USA ist nicht nur eine Ländergrenze.
a) Beschreibe den Verlauf der Grenze zwischen den beiden Ländern (Atlas).
b) Begründe, warum die Grenze zwischen Mexiko und den USA auch eine kulturelle und wirtschaftliche Grenze ist (Atlas).

❷ Zwischen den Staaten Anglo- und Lateinamerikas gibt es bis heute viele Unterschiede.
a) Vergleiche die wirtschaftlichen und sozialen Verhältnisse (M5).
b) „Lateinamerika holt auf." Begründe diese Aussage (M5).
c) Stelle Ursachen und Folgen der illegalen Grenzübertritte von Mexiko in die USA dar.
d) Immer wieder versuchen Menschen aus Mittel- und Südamerika illegal in die USA zu kommen. Beschreibe die Situation im Jahr 2014 und die Lage der Herkunftsländer (M6, Atlas).
e) Interpretiere die Karikatur (M4).
f) Die Grenzanlagen werden von den USA weiter ausgebaut. Bewerte diese Entwicklung (M3).

Grundwissen/Übung

Das Erbe der Kolonialherrschaft

Als Christoph Kolumbus 1492 die Insel „San Salvador" betrat, begann für den amerikanischen Kontinent die Zeit der Kolonialisierung.

Die Seemächte Spanien und Portugal eroberten den neu entdeckten Kontinent, auf dem sich jahrhundertealte Hochkulturen entwickelt hatten (siehe S. 54). Unter Vermittlung des Papstes einigten sich die Königreiche mit dem **Vertrag von Tordesillas** darauf, die neuen Ländereien entlang des 46. westlichen Meridians in zwei Einflussbereiche zu teilen.

Im darauffolgenden Jahrhundert wurde ein großer Teil der indigenen Bevölkerung durch Gewalttätigkeiten der einwandernden Europäer und durch die von ihnen eingeschleppten Krankheiten vernichtet. Die Einwanderer errichteten neue Städte nach europäischem Vorbild. Lateinamerika wurde christianisiert.

Aus Mangel an Arbeitskräften in Bergwerken und auf den Plantagen begann bald der unmenschliche Sklavenhandel. Insgesamt sollen 25–30 Mio. Afrikaner nach Lateinamerika verschleppt worden sein (**Dreieckshandel**).

Mit Beginn des 19. Jahrhunderts setzten in vielen Regionen Befreiungskämpfe ein und die 300-jährige Kolonialzeit endete. Die Sklaverei wurde abgeschafft und es entstanden unabhängige, bis heute existierende Nationalstaaten.

Heute gibt es auf dem „Kontinent der vielen Gesichter" nur wenige offene ethnische Konflikte und die verschiedenen Kulturen leben friedlich zusammen. Die während der Kolonialzeit entstandenen sozialen, wirtschaftlichen und räumlichen Unterschiede bestehen aber bis heute.

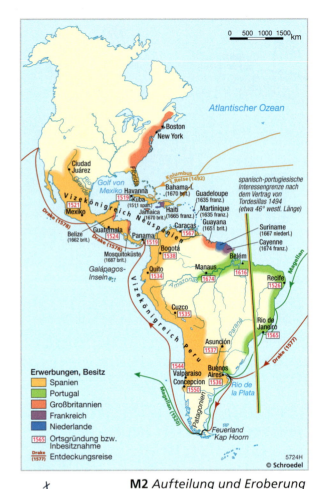

M2 *Aufteilung und Eroberung der Neuen Welt*

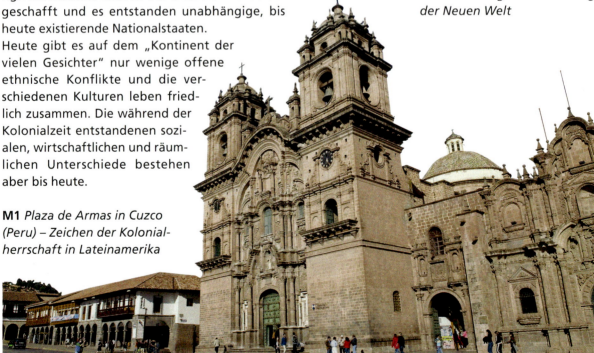

M1 *Plaza de Armas in Cuzco (Peru) – Zeichen der Kolonialherrschaft in Lateinamerika*

M3 *Christoph Columbus landet in Südamerika*

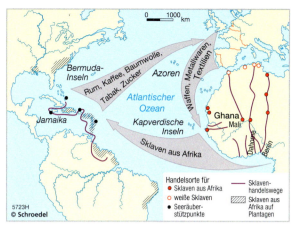

M5 *Dreieckshandel*

Indianische Urbevölkerung	
vor 1492	75 Mio.
um 1570	9,8 Mio.
um 1650	9,2 Mio.
um 1825	8,2 Mio.

Europäer	
vor 1492	keine
um 1570	0,3 Mio.
um 1650	0,4 Mio.
um 1825	6,3 Mio.

Afrikaner	
vor 1492	keine
um 1570	0,3 Mio.
um 1650	0,8 Mio.
um 1825	4,2 Mio.

❶ Der Vertrag von Tordesillas teilte 1494 die Welt neu auf.
a) Beschreibe die Grenzlinie, die zwischen Portugal und Spanien ausgehandelt wurde (M2).
b) Die Geschichte Lateinamerikas kann in verschiedene Etappen gegliedert werden. Stelle eine Möglichkeit in Form eines Zeitstrahls dar.
c) Beschreibe die Entwicklung der Kolonialisierung Lateinamerikas (M2).
d) 🗨 Stelle eine Entdeckungsreise während der Kolonialzeit in einer Präsentation vor (M3).
e) 🗨 Es gab neben spanischen und portugiesischen noch weitere koloniale Eroberungen in Lateinamerika. Stelle diese in einem Vortrag vor (M2).
f) Erläutere den Dreieckshandel (M5).

❷ Lateinamerika ist geprägt von kultureller Vielfalt.
a) Erläutere die Verbreitung der vorherrschenden Sprachen in Lateinamerika (M4).
b) Stelle die Verbreitung der Ethnien in Lateinamerika dar (M4).

M4 *Anteile der Bevölkerungsgruppen in Lateinamerika*

Grundwissen / Übung

Indianische Hochkulturen in Lateinamerika

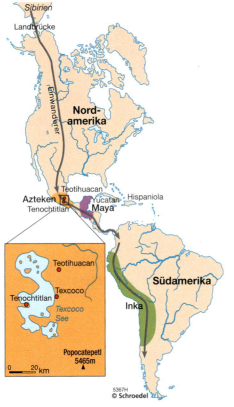

M1 *Siedlungsgebiete der indianischen Hochkulturen in Lateinamerika*

Indianische Hochkulturen und europäische Eroberer

Inka, Azteken und Maya – das sind Namen, die jeder schon einmal gehört hat. Sie stehen für die drei am weitesten entwickelten Indianervölker Lateinamerikas.

Ihre Blütezeit reichte bis ins 16. Jahrhundert, bis die spanischen und portugiesischen Eroberer ihre Kulturen zerstörten. Die Völker lebten bis dahin in gut organisierten Staaten, betrieben auf hohem Niveau Wirtschaft und Wissenschaft. Besonders in der Mathematik und Astronomie errangen sie große Erfolge. Davon zeugen unter anderem ihre Pyramiden, die heute ein Touristenmagnet sind.

Als die europäischen Eindringlinge Anfang des 16. Jahrhunderts kamen, schleppten sie Krankheiten ein, die man in Lateinamerika nicht kannte. Viele starben daran. Die Kolonialherren begingen Gewalttaten und Ermordungen an der Bevölkerung. Die Indianer mussten Zwangsarbeit leisten. So wurden die Völker stark dezimiert. Ihre Blütezeit war vorbei.

M2 *Ruinenstadt Machu Picchu („Stadt in den Wolken") in 2 500 m Höhe*

Die Azteken

Im Hochtal von Mexiko lebte das kriegerische Volk der **Azteken**. Sein Mittelpunkt war die Stadt Tenochtitlan am Texcocosee. Heute befindet sich in diesem Gebiet Mexikos Hauptstadt. Die Aztekenvölker führten viele Kriege und eroberten so ca. 450 Stadtstaaten. Sie leisteten auch den Spaniern erbitterten Widerstand. Mehrere Millionen Menschen starben in den Kriegen untereinander und gegen die Spanier sowie durch die aus Europa eingeschleppten Krankheiten. Typisch für die Azteken waren der Bau von Pyramiden und Prachtstraßen.

Templo Mayor von Tenochtitlan

M3 *Azteken*

Die Maya

Die **Maya** hatten kein gemeinsames zusammenhängendes Reich. Sie lebten in vielen Stadtstaaten. Ihre Siedlungen errichteten sie an Flüssen und Handelswegen. Bereits im 10. Jahrhundert kam es zum Untergang der hochentwickelten Maya-Kultur. War es eine Verschiebung der Regengrenze, die viele Dürreperioden folgen ließ, sodass es zu Hungerkatastrophen kam? Oder waren es Kriege? Die Wissenschaftler forschen noch heute nach den Ursachen des frühzeitigen Untergangs der Maya. Berühmt ist der Maya-Kalender, der für 2012 den Weltuntergang prophezeien sollte. Eines von nur weltweit drei Originalmanuskripten in Maya-Schrift, wird in Dresden aufbewahrt.

Auszug aus den Maya-Schriften

M4 *Maya*

Die Inka

Das flächenmäßig größte Indianerreich war das der **Inka**. Es reichte in den Anden vom heutigen Kolumbien bis nach Chile und erstreckte sich über 5000 km. Ein gut organisierter Staat und ein über 40 000 km langes Straßen- und Wegenetz dienten zur Beherrschung des Reiches und dem Güter- und Truppentransport. Weltberühmt ist die Ruinenstadt Machu Picchu. Die Inka bauten große Bewässerungssysteme für die Landwirtschaft. Ihr Untergang kam 1532 mit den Pocken, die die Spanier mitbrachten, durch zahllose Kriege mit den Kolonialherren, aber auch durch Kriege untereinander.

Der „Inka-Pfad" – ein Teil des ursprünglichen Wegenetzes

M5 *Inka*

❶ Maya, Inka und Azteken waren indianische Hochkulturen. Beschreibe ihre Verbreitung (M1, Atlas).

❷ a) Bereitet in Gruppenarbeit Vorträge zu den Völkern der Inka, Azteken und Maya vor.

b) Präsentiert diese vor der Klasse (M1–M5, Atlas, Internet).

❸ Erläutere an Beispielen den hohen Entwicklungsstand der indianischen Hochkulturen (M2–M5).

Grundwissen / Übung

Der Naturraum Lateinamerikas im Überblick

Aufgrund seiner Größe und der gewaltigen Nord-Süd-Ausdehnung verfügt Lateinamerika über vielfältige Landschaften und hat Anteil an mehreren Klima- und Vegetationszonen der Erde.

Landschaften

In Mittelamerika und im Westen Südamerikas erheben sich die Hochgebirgsketten der **Kordilleren**. Zwischen ihnen liegen ausgedehnte Hochebenen wie das Altiplano Boliviens, die von Vulkankegeln überragt werden. Der aktive Vulkanismus und die immer wieder auftretenden Erdbeben in dieser Region sind Anzeichen für starke plattentektonische Aktivitäten. Unmittelbar vor der Westküste Südamerikas erstreckt sich der bis zu 8000 m tief reichende Atacamagraben, eine Tiefseerinne. In den Hochgebirgsregionen befinden sich zahlreiche Rohstofflagerstätten.

Östlich der Anden – dem südamerikanischen Teil der Kordilleren – erstrecken sich großräumige Beckenlandschaften, die nur selten 200 m über den Meeresspiegel hinaus ragen. In ihnen verlaufen die großen Flüsse Südamerikas. Sie besitzen ein weit verzweigtes Netz von Nebenflüssen. Der Amazonas bildet das größte und wasserreichste Flusssystem der Erde. Die Wasserläufe ermöglichen über große Teile des Kontinents den Schiffsverkehr. Das Orinoco-Tiefland, das Amazonastiefland und das Parana-Tiefland trennen die Bergländer voneinander ab.

Klima

Lateinamerika liegt zu großen Teilen in den Tropen, im Einflussbereich des tropischen Passatkreislaufes. Allerdings gibt es in Lateinamerika im Gegensatz zu Afrika nicht nur eine Abnahme der Jahresniederschläge mit zunehmender Entfernung vom Äquator, sondern der Westteil ist deutlich trockener als der Ostteil. Ursache sind die hohen, in Nord-Süd-Richtung verlaufenden Kordilleren. Hier werden die Luftmassen des Nordost- bzw. Südostpassats zum Aufsteigen gezwungen, bilden Wolken, die dann an der Luvseite der Anden abregnen. Die Leeseite erhält so nur noch wenige Niederschläge. Durch den kalten Meeresstrom vor der pazifischen Küste wird die Trockenheit noch verstärkt und eine der trockensten Wüsten der Erde, die Atacama, bildet sich aus.

Die Länder Mittelamerikas sowie die Inselgruppe der Antillen werden häufig von verheerenden Hurrikans bedroht. Nur im Süden besitzt der Kontinent Anteil an der gemäßigten Klimazone.

M1 *Cotopaxi – höchster aktiver Vulkan der Erde (5911 m)*

M2 *Atacama – die trockenste Wüste der Welt*

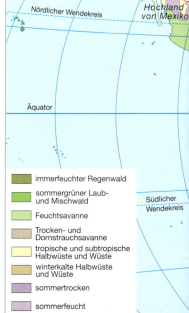

M3 *Vegetation in Lateinamerika*

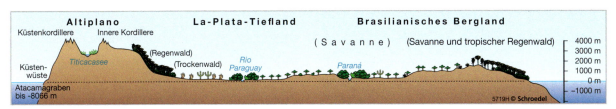

M4 *Höhen- und Vegetationsprofil von Südamerika*

❶ Lateinamerika – landschaftliche Vielfalt.
a) Beschreibe die Landschaftsbilder Südamerikas (M1, M2, M5, M6). Ordne sie den Großlandschaften zu.
b) Erarbeite Merkmale der Großlandschaften Südamerikas. Lege dazu eine Tabelle an (M1–M6, Atlas).
c) Erstelle eine Kartenskizze, in der die großen Reliefformen, tektonische Grundstrukturen, wichtige Gewässer und Berge eingetragen sind.

❷ Das Profil M4 zeigt typische Reliefformen und die dort vorherrschende natürliche Vegetation.
a) Beschreibe das Profil (Himmelsrichtungen, Gradnetz, Großlandschaften) (M4).
b) Ermittle den Höhenunterschied zwischen dem Atacamagraben und den Küstenkordilleren. Begründe diesen extremen Anstieg mithilfe der dort vorherrschenden plattentektonischen Situation (Atlas).
c) Erkläre die Verbreitung von tropischem Regenwald, Savanne und Wüste im Profil (M4) und in der Karte (M3).
d) Zeichne eine Profilskizze von der Stadt Caracas bis zur brasilianischen Hauptstadt Brasilia (Atlas).

Großlandschaft	Lagebeschreibung	Topographische Objekte	Vegetation, Nutzung
Hochgebirge			
Bergländer			
Tiefländer			
Küstenebenen			

M5 *Amazonastiefland – vom tropischen Regenwald geprägt*

M6 *Brasilianisches Bergland – reich an Bodenschätzen*

Grundwissen / Übung

M1 *Humboldt am Fuß des Chimborazo*

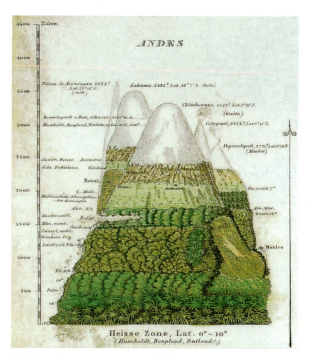

M3 *Zeichnung von Humboldt am Chimborazo*

Mit Alexander von Humboldt die Anden hinauf

Im Juni 1799 legte das Schiff Pizarro von den karibischen Inseln ab. **Alexander von Humboldts** sechs Jahre lang vorbereitete Expedition begann. Er war gemeinsam mit seinem französischen Freund Aimé Bonpland der erste Nicht-Spanier, der mit Erlaubnis Mittel- und Südamerika bereisen durfte. Während der fünfjährigen Expedition führte er meteorologische Messungen durch, sammelte Pflanzen, Gesteine und Fossilien, zeichnete Karten. Er interessierte sich aber auch für die Wirtschaft und Geschichte der Menschen. An der Westküste untersuchte er die kalte Meeresströmung, die bis heute nach ihm benannt ist: den Humboldtstrom.

Vegetation in den Anden

Gemeinsam mit seinem Freund bestimmte er zahlreiche Pflanzen und skizzierte ein Profil der Anden, das die Veränderungen der Pflanzenwelt mit zunehmender Höhe zeigt. Er entdeckte, dass mit zunehmender Höhe über dem Meeresspiegel die Lufttemperatur abnimmt und zwar durchschnittlich um 0,5 °C pro 100 m. Wie in den Alpen bilden sich auch hier verschiedene Höhenstufen der Vegetation aus.

Da die Anden aber überwiegend in den Tropen liegen, herrschen hier andere Pflanzen vor und die nahezu vegetationslosen Schnee- und Eisregionen werden erst in größeren Höhen erreicht. Auch die landwirtschaftliche Nutzung hat in den Anden einen viel größeren Spielraum.

Durch unterschiedliche Niederschlagsverhältnisse an der Luv- und Leeseite unterscheiden sich Klima und Vegetation. So ist zum Beispiel in der Tierra helada die trockene **Puna** von Kakteen und Steppengräsern, die feuchte **Paramo** dagegen von immergrünen Lorbeersträuchern geprägt

M2 *Terrassenfelder in den Anden*

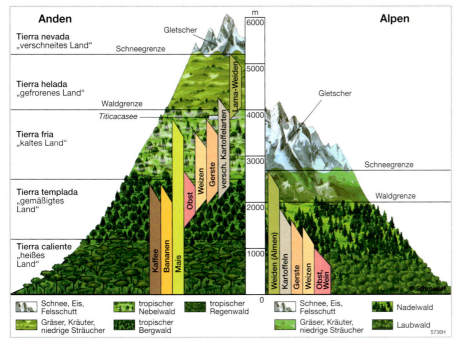

M4 *Höhenstufen der Vegetation*

M6 *Ein Vegetationsprofil zeichnen*

1. Zeichne zuerst ein Höhenprofil (siehe Seite 19). Achte dabei auf eine sinnvolle Achseneinteilung und einen geeigneten Höhenmaßstab.
2. Bestimme auf der Karte, in welcher Höhe welche Vegetationseinheit vorkommt und übertrage die Grenzen in das Höhenprofil.
3. Lege eine Legende zu den Vegetationseinheiten an.
4. Übertrage die Signaturen auf die entsprechenden Abschnitte der Profillinie.

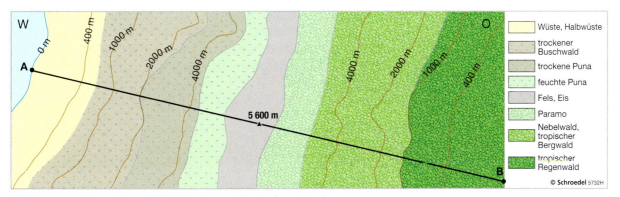

M5 *Luv- und Leeseiten-Effekt in den chilenischen Anden*

❶ Bei Vulkanbesteigungen entdeckte Humboldt Veränderungen der Temperaturverhältnisse sowie der Pflanzenwelt und hielt diese in Vegetationsprofilen fest.
a) Bei der Planung zum Aufstieg auf den Cotopaxi musste Humboldt an warme Kleidung denken. Ermittle, mit welchen Temperaturen er am Gipfel mindestens rechnen musste, wenn er auf 1 000 m ü. NN eine Temperatur von 21 °C gemessen hatte.
b) Vergleiche die Höhenstufen der Vegetation und deren Nutzung in den Anden mit denen der Alpen (M4).

❷ ↝ Alexander von Humboldt ist einer der bedeutendsten deutschen Naturforscher. Stelle eine Kurzbiografie und seine Entdeckungen vor (Vortrag oder Plakat).

❸ Mithilfe von Profilen können Zusammenhänge erkannt und dargestellt werden.
a) Erstelle ein Vegetationsprofil zum gegebenen Ausschnitt der Anden (M5–M6).
b) Beschreibe die Veränderung der Pflanzenwelt entlang des gezeichneten Profils (M5).
c) Begründe die Abfolge der Vegetationsstufen.
d) ↝ Stelle Pflanzen und deren Anpassungsmerkmale einer Höhenstufe genauer vor (M4, Internet).

Grundwissen / Übung

Ausgewählte Staaten Lateinamerikas: Fallbeispiel Panama

Mit der Fertigstellung des **Panamakanals** 1914 begann auch die Geschichte des mittelamerikanischen Landes Panama. Die natürlichen Voraussetzungen für eine Wasserstraße zwischen dem Atlantischen und Pazifischen Ozean sind an dieser Stelle am günstigsten.

Heute passieren jährlich rund 14 000 Schiffe die Schleusen des Panamakanals. Für die etwa drei Millionen Einwohner Panamas ein wirtschaftlicher Segen: Mehr als 100 000 US-Dollar kostet die Durchfahrtsgebühr für die größten Containerschiffe.

Aber „das Nadelöhr des Welthandels" droht zu verstopfen. 294 m lang, 32 m breit und zwölf Meter tief sind die Schleusen des Kanals. Mittlerweile werden aber viele Frachtschiffe größeren Ausmaßes gebaut. Auch die steigende Zahl der Schiffe wird zum Problem. Gegenwärtig stehen viele der Frachter bis zu vier Tage vor den Schleusen im Stau. Das Nachbarland Nicaragua arbeitet an Plänen für eine weitere Kanalverbindung zwischen den beiden Ozeanen.

Bei einer Volksabstimmung im Jahr 2006 haben 79 Prozent der Panamaer für den Ausbau und die Erweiterung ihres Kanals in Milliardenhöhe gestimmt.

M3 *Ein Containerschiff wartet auf die Kanaldurchfahrt*

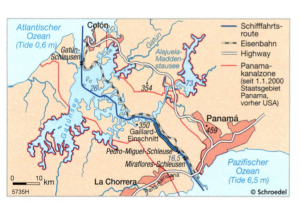

M1 *Der Panamakanal*

Start	Ziel	Via	Seemeilen	Abkürzung (Seemeilen)
New York	San Francisco	Kap Hoorn Panama	13 135 5 262	7 873
New York	Yokohama	Suez Panama	13 566 9 708	3 858
Hamburg	San Francisco	Kap Hoorn Panama	13 883 8 355	5 528
Antwerpen	Callao	Kap Hoorn Panama	10 200 7 296	3 904

M4 *Neue und alte Schifffahrtswege im Vergleich*

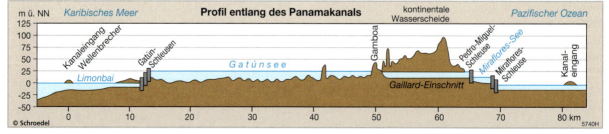

M2 *Profil entlang des Panamakanals*

Der Panamakanal ist das Zugpferd der wirtschaftlichen Entwicklung Panamas. In den letzten Jahren hat der Zuwachs des Welthandels hier zu einem Boom geführt. Panamas Wirtschaft wächst jährlich um bis zu zehn Prozent, so hoch wie in keinem anderen lateinamerikanischen Land. Der Staat bekommt jährlich fast eine Milliarde Dollar von der Kanalgesellschaft. Das Geld wird in Infrastrukturprojekte, z. B. in den Bau der Metro in Panama-City, investiert. Das Straßennetz wird weiter ausgebaut. Bald wird eine durchgehende Autobahn ins Nachbarland Costa Rica führen.

Heute schon ist der Kanal ein Anziehungspunkt für Touristen aus vielen Ländern der Erde. Die Eingangsschleuse zum Kanal, die Miraflores-Schleuse, zählt jährlich mehr als eine halbe Million Besucher, die das Passieren der riesigen Containerschiffe durch die engen Passagen bestaunen. Demnächst sollen auch Kreuzfahrtschiffe an der Gatún-Schleuse auf der karibischen Seite das Kanals anlegen. Der Tourismus erwirtschaftet heute bereits mehr als zehn Prozent des Bruttonationaleinkommens des Landes und ist neben den Kanaleinnahmen die wichtigste Devisenquelle Panamas.

Kritiker sehen die Kehrseiten der Kanalerweiterung. Sie befürchten große Schäden in der Natur. Der neue Gatún-Damm staut das Wasser des Chagres, des wichtigsten Flusses des Landes, zum Gatún-See auf. Nur durch die ausreichenden Wassermassen des Chagres läuft der Kanalbetrieb bis heute reibungslos. Jetzt wird befürchtet, dass die riesigen zusätzlichen Wassermengen nicht mehr aufgebracht werden können.

Die am Fluss Chagres lebenden Embera-Indianer (Foto) sehen ihre Lebensgrundlage bedroht. Aber ihre Bedenken zählen angesichts des großen Geschäfts, das sich die Verantwortlichen erhoffen, wenig. In den Umweltstudien des Unternehmens ist zu lesen, dass möglichst wenige Bäume gefällt werden und Tiere, deren Lebensraum bedroht ist, in benachbarte Nationalparks umgesiedelt werden.

M5 *Ausbau des Kanals – Pro und Kontra*

Die folgenden Aufgaben können auch in Form einer Gruppenarbeit gelöst werden. Teilt die Aufgaben in der Gruppe auf. Präsentiert gemeinsam das Land Panama und das Problemfeld Panamakanal.

❶ Stellt den Naturraum sowie die sozialen und wirtschaftlichen Verhältnisse Panamas vor.
a) Zeichnet eine Kartenskizze, in der die Lage, wesentliche Naturfaktoren (z. B. Relief, Gewässer, Vegetationsbedingungen, tektonische Verhältnisse) und Städte Panamas dargestellt sind (Atlas).
b) Vergleicht die wirtschaftlichen (z. B. BIP pro Einw., Energieverbrauch pro Einw.) und sozialen Verhältnisse (z. B. Kindersterblichkeit, Lebenserwartung, Analphabetenrate) Panamas mit denen der USA und stellt diese in Form von Diagrammen dar (Anhang, Atlas).

❷ „Der Ausbau des Panamakanals ist für das Land mehr Zukunft als Bedrohung."
a) Stellt Pro- und Kontra-Argumente für den Ausbau des Kanals zusammen. Veranschaulicht diese grafisch (z. B. Schaubild, Mindmap).
b) Bewertet den Ausbau des Panamakanals.

Grundwissen / Übung

Ausgewählte Staaten Lateinamerikas: Fallbeispiel Bolivien

Der eisbedeckte Andengipfel Illimani thront über der bolivianischen Stadt La Paz. Sie ist mit 3 800 m über dem Meeresspiegel der höchstgelegene Regierungssitz der Erde. Mehr als eine Million Menschen leben in dieser Metropole, zählt man die Vorortstadt El Alto in der Hochebene auf 4 080 m hinzu.

Bis heute ist die Stadt von großer Armut geprägt. Diejenigen, die es sich leisten können, leben in den tiefer gelegenen Stadtteilen, denn in La Paz gilt: Je niedriger gelegen, desto angenehmer ist das Klima, desto höher ist der Sauerstoffgehalt der Luft.

M3 *La Paz (im Hintergrund der Illimani, 6 438 m)*

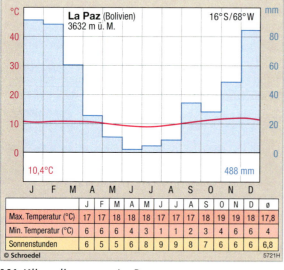

M1 *Klimadiagramm La Paz*

Trinkwasser ist knapp in La Paz. Vor allem in der sommerlichen Trockenzeit von Ende April bis Oktober kommt Süßwasser nur als Schmelzwasser aus den Gletschern. Höhere Durchschnittstemperaturen führen jedoch dazu, dass das eisige Reservoir kaum noch aufgefüllt wird. Auch wenn derzeit noch große Lücken im Trink- und Abwassersystem herrschen, hat sich die Situation für viele Menschen in den letzten Jahren verbessert. So konnte auch mit deutscher Hilfe die Anzahl der Bolivianer mit Zugang zu Trink- und Abwassersystemen um zwei Mio. erhöht werden. In den letzten 45 Jahren wurden 250 Mio. Euro in neue Gebäude und in die Sanierung und Erweiterung von Trink- und Abwassersystemen investiert.

(Nach: Deutsche Botschaft in La Paz. 2014. in: www.la-paz.diplo.de)

M2 *Trinkwasserversorgung in La Paz*

Marcelo Machicado ist Leiter einer Einrichtung für Bedürftige.

„Ich bin Alteno, ich lebe hier. Viele Menschen sind vom Land nach El Alto gekommen, aus den Gebieten der Aymara-Indios. Man sagt darum auch, El Alto sei die Hauptstadt der Aymaras. Der Grund für die Landflucht war immer die Hoffnung, in der Stadt zu überleben. Ich sage nicht leben, sondern überleben! Die erste Generation kam allein deswegen. Auf dem Land hatten sie wie Tiere vegetiert. Die zweite Generation zog dann schon mit der Hoffnung auf Arbeit hierher. Die Kinder dieser Generation schließlich haben den Nutzen des Fortschritts kennengelernt und angefangen, Forderungen zu stellen: Wir wollen Wasser, Straßen und so weiter."

Die Menschen arbeiten viel und schwer, sagt Marcelo: *„Sie arbeiten in La Paz als Dienstmädchen, als Hausangestellte. Sie arbeiten in allen möglichen Jobs. Es gibt Eltern, die wegen der Arbeit ihre Kinder vernachlässigen. Ich kenne einen Vater, der morgens aus dem Haus geht und seinen Kindern einen Boliviano gibt. Davon sollen sie ihr Frühstück, ihr Mittagessen, ihren Tee bezahlen. Die Kinder arbeiten als Minibus-Ansager oder als Schuhputzer; nur so schaffen sie es, den Tag zu überstehen. Wenn unsere Einrichtung diesen Kindern nicht einen Weg weist, würden sie wahrscheinlich mit dem Trinken anfangen und früher oder später zu Gaunern werden."*

(Quelle: Eglau, Victoria: Magnet für Landflüchtige. in: Deutschlandradio Kultur. 2007.)

M4 *Interview mit Marcelo Machicado*

M5 *Musiker während des Karnevals in Oruro*

M7 *Straßenkinder in La Paz*

Bolivianer lieben Tänze und Feste! Ich habe noch kein Land gesehen, das so viele verschiedene Volkstänze hat, die auch immer noch regelmäßig getanzt werden. Es gibt hier zu jedem Fest spezielle Tänze und das aus jeder verschiedenen Region. Der „Caporales" beispielsweise hat sich als Tanz der Sklaven gegen die Spanier entwickelt, oder die „Diablada", die den Kampf zwischen Teufeln und dem Erzengel darstellt (die Diablada hab ich übrigens auf dem Schulfest selbst schon getanzt!). Bolivien ist ein Land, in dem sich christliche Bräuche und die alten Traditionen, z. B. der Aymara („Nachfahren" der Inka) sehr stark vermischt haben, weswegen man hier z. B. sonntags in die Kirche geht, aber trotzdem „Pachamama" (Mutter Erde) anbetet.

(Bohmann, Rika: Zwischen Cocablättern, Lamas und den Anden. in: www.asgsg-marl.de/albert/kontakte/auslandsschuljahr/ bolivien/bolivien08.htm, 17.10.2014)

M6 *Blogeintrag einer Austauschschülerin*

Kaum vorstellbar: Schätzungsweise 800 000 Mädchen und Jungen leben in Bolivien auf der Straße, die meisten von ihnen in der Hauptstadt La Paz. Viele sind vor Gewalt und Missbrauch in ihren Familien geflohen. Der bolivianische Staat kümmert sich kaum um diese Kinder. In der Gruppe auf der Straße suchen sie Schutz und Sicherheit. Aber sie leben abseits der Gesellschaft, können nicht zur Schule gehen und haben keinen Zugang zu medizinischer Versorgung. Unter den Straßenkindern ist das Klebstoffschnüffeln weit verbreitet, mit verheerenden gesundheitlichen Folgen für das Gehirn, das Herz-Kreislauf-System und das Sehvermögen. Im Rausch erleiden die Kinder häufig schwere Verletzungen bei Unfällen im Straßenverkehr. Internationale Hilfsorganisationen, wie z. B. „terre des hommes", versuchen zu helfen. Sie unterhalten Einrichtungen, in denen die Kinder und Jugendlichen Essen, Kleidung und Medikamente erhalten sowie über die Gefahren von Drogen und AIDS aufgeklärt werden. In Abendschulen haben sie die Möglichkeit, den Stoff verpasster Schuljahre nachzuholen, um eine Chance für einen Arbeitsplatz zu erhalten.

M8 *Leben auf der Straße*

Die folgenden Aufgaben können auch in Form einer Gruppenarbeit gelöst werden. Teilt die Aufgaben in der Gruppe auf. Präsentiert gemeinsam das Land Bolivien und das Problemfeld der Hauptstadt des Landes.

❶ Stellt den Naturraum sowie die sozialen und wirtschaftlichen Verhältnisse Boliviens vor.
a) Zeichnet eine Kartenskizze, in der die Lage, wesentliche Naturfaktoren (z. B. Relief, Gewässer, Vegetationsbedingungen, tektonische Verhältnisse) und Städte Boliviens dargestellt sind (Atlas).
b) Vergleicht die wirtschaftlichen (z. B. BIP pro Einw., Energieverbrauch pro Einw.) und sozialen Verhältnisse (z. B. Kindersterblichkeit, Lebenserwartung, Analphabetenraten) Boliviens mit denen der USA und stellt diese in Form von Diagrammen dar (Anhang, Atlas).

❷ „La Paz – eine lebenswerte Metropole?"
a) Untersucht die natürlichen Besonderheiten der Hauptstadt Boliviens.
b) Stellt Probleme der Stadt La Paz dar.
c) Bewertet die Lebensqualität der Stadt La Paz.

Grundwissen / Übung

Ausgewählte Staaten Lateinamerikas: Fallbeispiel Dominikanische Republik

Der Inselstaat entwickelte sich seit den 1980er-Jahren innerhalb weniger Jahrzehnte zum größten Touristenziel der Karibik. Die Regierung setzte u.a. mit Steuervorteilen Anreize für ausländische Investoren, in den Antillenstaat zu investieren. Hunderte Hotelanlagen mit Zehntausenden Zimmern wurden gebaut. Das kurbelte in den neu entstandenen Urlaubsregionen die Wirtschaft an: Flughäfen, Straßen, Wasser- und Stromleitungen, Häfen, Versorgungseinrichtungen wurden gebaut. Neue Arbeitsplätze entstanden. Mit über vier Milliarden US-Dollar Einnahmen ist der Tourismus der zweitwichtigste Devisenbringer des Landes.

In den letzten Jahren wurden neue Resorts abseits der Zentren in strukturschwachen Regionen errichtet, um diesen einen touristischen Entwicklungsimpuls zu geben.

Viele Hotelanlagen arbeiten nach dem All-inclusive-Prinzip. Für einen festen, relativ günstigen Reisepreis können die Urlauber in der Hotelanlage so viel essen und trinken, wie sie wollen. Auch die Hin- und Rückreise sowie die Freizeitangebote sind im Preis inbegriffen. All-inclusive-Produkte benötigen durch die ganztägige Rund-um-Betreuung viele Arbeitskräfte. Die üppigen Buffets bieten 24 Stunden lang Essen und Getränke an. Die dafür notwendigen Nahrungsmittel werden zu einem großen Teil aus der einheimischen Produktion eingekauft, sodass die lokale Landwirtschaft vom touristischen Angebot profitiert.

M1 *Hotelanlage in der Dominikanischen Republik*

M3 *Klimadiagramm Santo Domingo*

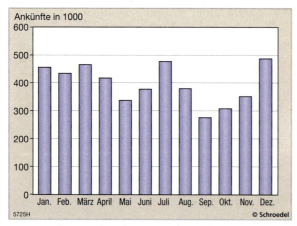

M2 *Touristenankünfte pro Monat (2011)*

Zwischen 2006 und 2012 investierte die Regierung umgerechnet fast hundert Millionen Euro in den Ausbau der Infrastruktur, u.a. in den Straßenausbau. Nach dem Ausbau der Schnellstraße „Autopiste El Coral" ist heute der äußerste Osten der Insel, in dem 60 Prozent aller Hotelbetten des Landes stehen, mit den wichtigsten Zentren des Landes verbunden. Damit sind nicht nur die Strände, sondern auch das ausgedehnte und abwechslungsreiche Hinterland für die Touristen erreichbar. So führen heute zwei Schnellstraßen in die gebirgige Provinz La Vega mit dichten Wäldern, tiefen Schluchten und spektakulären Wasserfällen.

M4 *Investitionen in den Straßenbau*

M5 *Entwicklung der Touristenzahlen und deren Ausgaben (2012)*

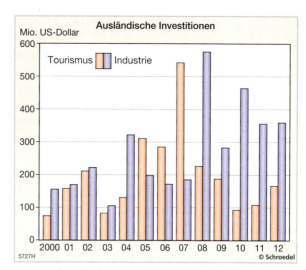

M7 *Ausländische Investitionen in Tourismus und Industrie in der Dominikanischen Republik (2012)*

Während der Jahre des enormen Wachstums des Tourismus wurden durch fehlende Kontrollen Naturschutzregeln missachtet. In den Tourismusregionen dominieren heute Hotels kilometerlange Strandabschnitte. Sie benötigen große Mengen an Wasser und produzieren Abwasser, das bis heute nicht immer sachgerecht entsorgt wird. Neue Hotelanlagen entstehen in bislang unberührten Naturlandschaften. Die neuen Arbeitsmöglichkeiten zogen Tausende Dominikaner in die bis dahin dünn besiedelte Region der Dominikanischen Republik. Es entstanden ungeplante Siedlungen ohne Abwasser- und Müllentsorgung, die zu großen Umweltproblemen führen.
Der Tourismus ist sehr krisenanfällig. Kommt es zu Einbrüchen in der Nachfrage, z. B. durch wirtschaftliche Krisen in den Herkunftsländern oder durch Naturkatastrophen in der Dominikanischen Republik, hat das direkte Auswirkungen auf die Entlohnung der Mitarbeiter bzw. drohen den Beschäftigten Entlassungen. Auch der All-inclusive-Boom hat Verlierer. Dazu zählen in erster Linie Restaurants und Bars, insbesondere dort, wo es vor dem Beginn dieses Booms bereits einen „normalen" Tourismus mit kleinen und mittleren Hotels sowie Restaurants gab. Andere Verlierer sind beispielsweise Taxifahrer, weil All-inclusive-Gäste die meiste Zeit im Resort verbringen. Auch ihr Transport vom Flughafen zum Hotel ist inklusive und erfolgt meist mit den Bussen der Reiseveranstalter.
Der Tourismus hat auch negative soziale Folgen. Konsumverhalten und Verhaltensweisen der ausländischen Gäste fuhren zu Veränderungen der einheimischen Lebensweise. Ein weiteres großes Problem ist die Prostitution.

M6 *Tourismus – Risiken und Schattenseiten*

Die folgenden Aufgaben können auch in Form einer Gruppenarbeit gelöst werden. Teilt die Aufgaben in der Gruppe auf. Präsentiert gemeinsam das Land Dominikanische Republik und das Problemfeld Entwicklung durch Tourismus.

❶ Stellt den Naturraum sowie die sozialen und wirtschaftlichen Verhältnisse der Dominikanischen Republik vor.
a) Zeichnet eine Kartenskizze, in der die Lage, wesentliche Naturfaktoren (z. B. Relief, Gewässer, Vegetationsbedingungen, tektonische Verhältnisse) und Städte dargestellt sind (Atlas).
b) Vergleicht die wirtschaftlichen (z. B. BIP pro Einw., Energieverbrauch pro Einw.) und sozialen Verhältnisse (z. B. Kindersterblichkeit, Lebenserwartung, Analphabetenraten) der Dominikanischen Republik mit denen der USA und stellt diese in Form von Diagrammen dar (Anhang, Atlas).

❷ „Der Tourismus ist ein wichtiger Wirtschaftssektor des Inselstaates."
a) Stellt Pro- und Kontra-Argumente zur Entwicklung des Tourismussektors zusammen. Veranschaulicht dies grafisch (z. B. Schaubild, Mindmap).
b) Bewertet den Tourismus als Entwicklungsfaktor für das Land.

Grundwissen / Übung

Ausgewählte Staaten Lateinamerikas: Fallbeispiel Venezuela

Venezuela ist ein Land der Vielfalt und der Gegensätze. Es hat einen kleinen Anteil an den nördlichen Ausläufern der Anden. Im Südosten wird das Land vom Bergland von Guayana geprägt. Zwischen den beiden Großlandschaften liegt ebenes Tiefland, das vom Orinoco durchflossen wird.

Die Bevölkerung ist ungleich verteilt. Fast die Hälfte der Bevölkerung lebt in großen Städten. Die mit Abstand größte Stadt ist Caracas mit etwa sechs Millionen Einwohnern. Den dicht besiedelten Regionen im Norden stehen fast menschenleere Räume im Süden gegenüber. Hier leben bis heute noch viele indigene Völker.

M3 *Goldschürfer in Venezuela*

Venezuela besitzt bedeutende Lagerstätten von Erdöl und Erdgas im Bereich des Maracaibosees und im Tiefland des Orinoco. Hinzu kommen Vorkommen von Eisenerz und Bauxit im Bergland von Guyana. Auch der Abbau von Kohle, Gold und Mangan, ein Element, das sich gut zum Härten von Stahl eignet, sowie Diamanten bescheren dem Land erwähnenswerte Einnahmen.

Erdöl stellt aber für die Wirtschaft des Landes den bedeutendsten Rohstoff dar. Nach neuesten Schätzungen besitzt das südamerikanische Land noch vor Saudi-Arabien die größten Erdöl-Reserven der Erde. Venezuela gehört zu den Gründungsmitgliedern der OPEC. Rund 90 Prozent der Exporterlöse und mehr als die Hälfte der Staatseinnahmen werden durch Erdöl erzielt.

Durch diese einseitige Ausrichtung der Wirtschaft haben Schwankungen der Rohstoffpreise auf dem Weltmarkt starke Auswirkungen auf die Wirtschaft Venezuelas.

M1 *Venezuelas Wirtschaft – abhängig von den Rohstoffen*

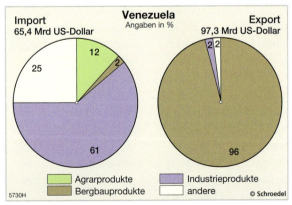

M2 *Import-Export-Struktur Venezulas (2012)*

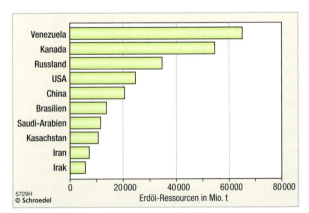

M4 *Erdölreserven weltweit (2012)*

Grundwissen

In den Weiten der südamerikanischen Regenwälder gibt es noch Menschen, die seit der Kolonialisierung bis heute noch nie oder nur sporadisch mit der modernen Zivilisation in Kontakt gekommen sind. Sie leben abgeschirmt von der modernen Welt ihre Traditionen – sie leben von und mit der Natur. Die Yanomami sind das größte relativ isoliert lebende indigene Volk Südamerikas. Wie die meisten indigenen Völker auf dem Kontinent sind sie wahrscheinlich vor ca. 15 000 Jahren über die Beringstraße eingewandert. Heute gibt es ungefähr noch 19 000 Yanomami auf dem Territorium Brasiliens und Venezuelas.

M5 *Yanomami – ein indigenes Volk in Venezuela*

Die Yanomami leben meist in Dörfern mit einer Einwohnerzahl um 200, die von einer zentralen, großen, runden Wohn- und Schlafhütte geprägt sind. Bis heute betreiben die Yanomami Brandrodungswanderfeldbau, da der Regenwaldboden nur für begrenzte Zeit genügend Nährstoffe für den Anbau von Nahrungsmitteln wie Maniok oder Kochbananen bietet. Aller drei bis vier Jahre zieht die Dorfgemeinschaft an einen neuen Ort. Neben dem Ackerbau jagen die Yanomami, fangen Fische und sammeln Früchte.

Anfang der 1970er-Jahre begann die wirtschaftliche Erschließung Brasiliens und Venezuelas, auch in das Territorium der Yanomami einzugreifen. Eine Straße wurde gebaut, mit katastrophalen Folgen für die angrenzenden Indianerdörfer. Die Bauarbeiter schleppten Krankheiten wie Malaria und die Grippe ein, gegen die die Yanomami keine Abwehrkräfte entgegenzusetzen hatten.

In den 1980er-Jahren wurden in dem Gebiet Bodenschätze entdeckt, darunter auch Gold. Zehntausende Goldsucher drangen in den bislang unberührten Regenwald vor. Zahlreiche illegale Landepisten für Kleinflugzeuge entstanden. Bei der Goldsuche wurde hochgiftiges Quecksilber eingesetzt, dass in die Flüsse gelangte und sich in den Fischen, einer der Nahrungsquellen der Yanomami, anreicherte.

Mittlerweile dringen Siedler immer weiter in den Regenwald vor. Viehzüchter und große Ackerbauunternehmen holzen Regenwald ab, um landwirtschaftliche Flächen zu gewinnen. Der Lebensraum der letzten Ureinwohner Südamerikas schwindet so immer weiter.

Staatliche Hilfsaktionen und Schutzprogramme erreichen die Yanomami nur sehr schwer. Bis heute gibt es keine vertragliche Übereinkunft über ein gesichertes Territorium dieser Volksgruppe. Wirtschaftliche Interessen sind oft stärker. Nationale und internationale Hilfsorganisationen (z. B. Yanomami-Hilfe e.V.) versuchen, die Rechte der indianischen Urbevölkerung zu unterstützen und durchzusetzen.

M6 *Probleme der Yanomami*

Die folgenden Aufgaben können auch in Form einer Gruppenarbeit gelöst werden. Teilt die Aufgaben in der Gruppe auf. Präsentiert gemeinsam das Land Venezuela und das Problemfeld Schutz der Ureinwohner.

❶ Stellt den Naturraum sowie die sozialen und wirtschaftlichen Verhältnisse Venezuelas vor.

a) Zeichnet eine Kartenskizze, in der die Lage, wesentliche Naturfaktoren (z. B. Relief, Gewässer, Vegetationsbedingungen, tektonische Verhältnisse) und Städte Venezuelas dargestellt sind (Atlas).

b) Vergleicht die wirtschaftlichen (z. B. BIP pro Einw., Energieverbrauch pro Einw.) und sozialen Verhältnisse (z. B. Kindersterblichkeit, Lebenserwartung, Analphabetenrate) Venezuelas mit denen der USA und stellt diese in Form von Diagrammen dar (Anhang, Atlas).

❷ „Die Yanomami-Indianer – gute Chancen, ihre Kultur zu retten?"
a) Stellt den Konflikt zwischen der wirtschaftlichen Entwicklung Venezuelas und den Interessen der indigenen Urbevölkerung dar. Veranschaulicht diese grafisch (z. B. Schaubild, Mindmap).

b) Bewertet die Chancen, die Kultur der Ureinwohner zu erhalten (Links: www.yanomami-hilfe.de/ und www.survivalinternational.de/indigene/yanomami).

Grundwissen / Übung

Brasilien – die Erschließung Amazoniens

Brasilien besitzt einen großen Anteil am Amazonasbecken, dem zweitgrößten zusammenhängenden Waldgebiet der Erde.

Im Amazonasregenwald leben unzählige Tier- und Pflanzenarten, viele davon immer noch unentdeckt. Mit dem weitverzweigten Flusssystem des Amazonas verfügt die Region über ein Fünftel der Süßwasserreserven der Erde.

Über Jahrtausende lebten in den Weiten der Regenwälder fast ausschließlich indianische Völker, die sich mit Jagen, Sammeln und Brandrodungsfeldbau an die natürlichen Bedingungen angepasst hatten.

Mit der Nutzung des harzähnlichen Saftes des Kautschukbaumes begann Mitte des 19. Jahrhunderts die wirtschaftliche Nutzung Amazoniens. Kautschuk war der wichtigste Rohstoff für die Reifenherstellung. In den 1960er-Jahren stieg die Bevölkerungszahl Brasiliens sehr stark an. Zu dieser Zeit beschloss die Regierung, den bis dahin kaum besiedelten Landesteil wirtschaftlich zu erschließen. Seitdem ist die Waldfläche von 6,9 Mio. km² auf etwa 5,2 Mio. km² geschrumpft.

M1 *„Straße der Hoffnung" und „Straße der Tränen" – die Transamazônica (hier im Bau)*

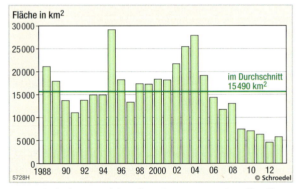

M2 *Jährlicher Waldverlust in Amazonien (km²)*

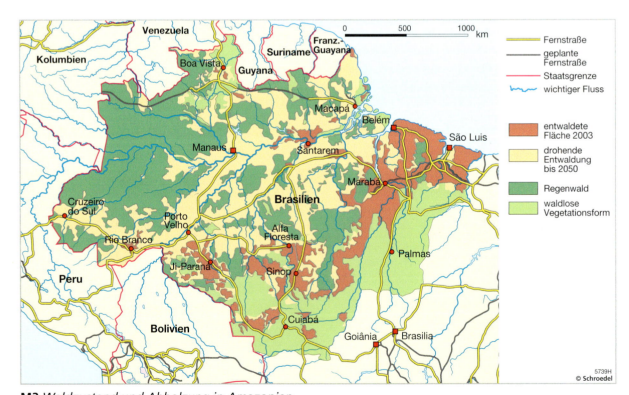

M3 *Waldzustand und Abholzung in Amazonien*

Voraussetzung für die Erschließung der Reichtümer Amazoniens war der Bau von Verkehrswegen. In den 1970er-Jahren wurde ein Straßennetz angelegt, dessen Hauptachse die Transamazôncia ist. Die Anlage dieser 4 500 km langen Straße quer durch den Regenwald, über Hunderte Flussarme und durch sumpfiges Gelände, war eine große Leistung.

Die brasilianische Regierung unterstützte in dieser Zeit die Ansiedlung von landlosen Kleinbauern entlang der neuen Magistrale. Im Zuge dieser als **Agrarkolonisation** bezeichneten Initiative erhielten die Neusiedler ein 100 ha großes Stück Land. Seitdem sind mehrere Hunderttausend Menschen nach Amazonien umgesiedelt. Aber die Böden sind für eine langandauernde Nutzung nur an wenigen Stellen geeignet, sodass immer wieder Regenwaldflächen abgeholzt werden, um neues Ackerland zu gewinnen.

Neben den meist völlig mittellosen Siedlern bewirtschaften auch Großgrundbesitzer mithilfe staatlicher Subventionen riesige Rinderweiden oder Sojaplantagen. Der Großteil der von ihnen erzeugten Lebensmittel wird exportiert.

Ein großes Problem sind auch internationale Holzkonzerne, die **tropische Hölzer** schlagen und mit hohem Profit verkaufen. Halten sie sich nicht an die internationalen Regeln einer naturnahen Forstwirtschaft, hinterlassen sie mit den schweren Maschinen und großflächigen Abholzungen große Schäden. Zusätzlich öffnen sie durch den Bau von Holzabfuhrstraßen den Wald für die großflächige Besiedlung.

Auch Großprojekte, wie der Bau von Wasserkraftwerken sowie der Abbau vorhandener Bodenschätze, wie etwa Gold oder Bauxit, führen zur Zerstörung großer Regenwaldgebiete.

M4 *Die Raumerschließung Amazoniens*

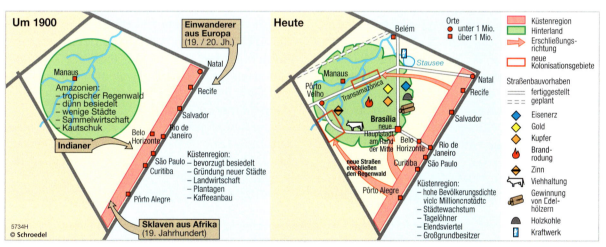

M5 *Um 1900 war die Mitte Brasiliens beinahe menschenleer, die Küste wurde besiedelt und erschlossen (links). Heute ist die Küste stark bevölkert und die Mitte des Landes wird erschlossen (rechts).*

❶ Brasilien gehört zu den waldreichsten Ländern der Erde, aber auch zu den Staaten, in denen am meisten Wälder abgeholzt werden.
a) Ermittle, wie viel Hektar Wald im Durchschnitt pro Tag verloren gehen.
b) Vergleiche den Wert mit der Größe von Fußballfeldern (Internet).
c) Ermittle, wie viele km² Wald im Zeitraum von 2000 bis 2013 in Brasilien vernichtet worden sind.
d) Vergleiche mit der Flächengröße eines europäischen Landes (M2, Internet, Atlas).

❷ Die Entwicklung Amazoniens.
a) Beschreibe die Entwicklung und die Prognose der Waldabholzung in Amazonien (M2, M3).
b) Stelle Ursachen und Folgen der Raumerschließung Amazoniens in einer Mindmap dar (M3 – M5).
c) Europa war vor dem Mittelalter fast vollständig mit Wald bedeckt, der später nahezu vollständig abgeholzt wurde. Dürfen wir da die Regenwaldzerstörung in Brasilien kritisieren? Diskutiert in eurer Klasse darüber.

Grundwissen / Übung

M1 *Modell Belo-Monte-Staudamm*

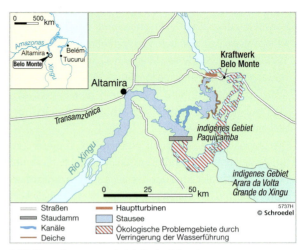

M3 *Staudammprojekt Belo Monte*

Amazonien – das Belo-Monte-Staudammprojekt

Seit 2010 haben große Bagger das Sagen am Unterlauf des Rio Xingu bei der Stadt Altamira. Schon 2015 sollen die drei Talsperren den Fluss in zwei großen Stauseen aufstauen. Belo Monte wird dann das drittgrößte Wasserkraftwerk der Erde sein und einen großen Beitrag für die Sicherung der wachsenden Stromnachfrage Brasiliens leisten. Nach Prognosen der brasilianischen Regierung wird sich die Nachfrage nach Strom bis 2030 gegenüber 2010 verdoppeln. Der Großteil soll durch neu zu bauende Wasserkraftwerke gedeckt werden.

Die wasserreichen Flüsse im Amazonastiefland bieten dafür ein riesiges Potenzial und können ganzjährig billigen Strom liefern. Darüber hinaus ist die Wasserkraft eine „saubere Energie" ohne Abgase. Mit Fertigstellung des Staudamms und Wasserkraftwerks erhofft sich die Regierung auch die Ansiedlung von Industriebetrieben in dieser Region. Dann entstehen mehrere Tausend Arbeitsplätze, nicht nur für die schon hier lebenden Einwohner, sondern auch für Menschen, die dann hierher ziehen.

Aber es kommt immer wieder zu Baustopps, denn es gibt Einsprüche der Ureinwohner und Umweltgruppen, die die geforderte **Nachhaltigkeit** des Projekts anzweifeln.

Egal ob bei der Planung einer neuen Straße, der Anlage einer Deponie, der Erschließung eines Steinbruchs oder dem Bau eines Staudamms – immer treffen unterschiedliche Interessen aufeinander. Um die Folgen von raumwirksamen Projekten einzuschätzen, hat sich seit den 1990er-Jahren das Modell der Nachhaltigkeit als ein Bewertungs- und Entscheidungsinstrument durchgesetzt. Ein Projekt ist dann nachhaltig, wenn zukünftig keine Schäden in der natürlichen Umwelt auftreten (Ökologie), sich die Lebensbedingungen der Menschen verbessern (Soziales) und trotzdem wirtschaftliche Gewinne (Ökonomie) erzielt werden.

Das Nachhaltigkeitsdreieck ist ein Modell zur Visualisierung nachhaltigen Handelns. Auf jeder der drei Achsen wird die Nachhaltigkeit bewertet. Die Dreiecksspitzen sind das Maximum, der Mittelpunkt das Minimum. Je weiter die Bewertungspunkte von der Mitte entfernt sind, desto mehr ist die jeweilige Dimension erfüllt.

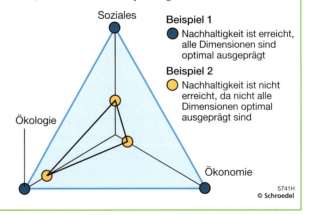

M2 *Das Modell der Nachhaltigkeit*

Die Große Schleife des Rio Xingu ist ein magischer Ort. Mächtige Felsbrocken bilden Wirbel im Wasser, Baumkronen ragen aus den Fluten. „Das Haus der Götter" nennen die Indigenen ihren Fluss. *„Für uns ist er wie Vater und Mutter, er gibt uns Wasser, Nahrung, Medizin, ist unser Leben"*, sagt Osimar Juruna (43). Doch das von der Regierung vorangetriebene Megaprojekt Belo Monte, der bald drittgrößte Staudamm der Welt, wird dem Xingu hier das Wasser abdrehen – und die Stadt Altamira fluten. […]
Die Indigenen von Osimars Stamm leben in ihrem Reservat unterhalb der künftigen Staumauer. Im Dorf Pakisamba, wo 60 Angehörige des Stammes leben, bleiben schon die Fische aus. *„Sie vertragen die Verunreinigung nicht"*, berichtet ein Bewohner. Durch die Bauarbeiten ist der einst kristallklare Fluss verschlammt. Und wenn der Damm steht, wird er zu einem Rinnsal werden.

[…] Baukonsortium und Regierung verneinen negative Auswirkungen für die Indios. Schließlich werde ihr Gebiet nicht durch den 500 km² großen Stausee überflutet. Dass der Fluss stirbt, zählt nicht. Daher gab es auch keine öffentlichen Anhörungen, wie sie die Verfassung eigentlich vorsieht. […]

„Ich wüsste gerne, was man mir für mein Haus geben wird", sagt Herr Silva de Almeida, der seit 40 Jahren hier lebt. Dreimal kamen die Ingenieure von Norte Energia und fragten, ob er eine Abfindung oder ein neues Haus wolle. Wie viel sie zahlen oder wo das neue Haus stehen wird, sagten sie nicht. Trotzdem müsse er sich sofort entscheiden. […]

„Ich fühle mich, als ob ein Teil von mir hier zerstört wird," sagt Ana Laide Soares Barbosa vom katholischen Indio-Missionsrat CIMI. […] Mindestens zwölf Milliarden Euro verbaut die Regierung in Belo Monte. Dabei wird es die maximale Kapazität von 11 000 Megawatt nur bei Hochwasser erreichen. Im Jahresdurchschnitt werden es nur 4 000 sein. *„So viel Geld für so wenig Energie – das lohnt sich eigentlich gar nicht."* Ana Laide vermutet andere Interessen. *„Hier gibt es Gold und Erze, und durch den Kanal könnte der Xingu ganzjährig für den Soja-Transport schiffbar gemacht werden."* Hass auf die Bauarbeiter empfinde sie nicht. *„Auch sie sind bloß Opfer, sind hierhergekommen, um sich einen Traum zu erfüllen. Und jetzt arbeiten sie für 240 Euro im Monat und leben in Altamira unter erbärmlichen Konditionen."* Das „Haus der Götter" füllt sich immer mehr mit Opfern des sogenannten Fortschritts.

(Milz, Thomas: Das Megaprojekt Belo Monte und seine Folgen. in: adveniat – für die Menschen in Lateinamerika. 2012.)

M4 *Protest der indigenen Bevölkerung gegen das Belo-Monte-Projekt*

❶ Für die Beurteilung des Staudammprojekts müssen die natürlichen Verhältnisse bekannt sein.
a) Beschreibe die Lage des Staudammprojekts Belo Monte (Atlas).
b) Beurteile die natürlichen Voraussetzungen für den Bau eines Wasserkraftwerkes an diesem Standort (klimatische Verhältnisse, Wassermenge des Flusses, Relief) (Atlas, Internet).

❷ Das Modell der Nachhaltigkeit hilft bei der Beurteilung von großen Bauprojekten. Es können Schlussfolgerungen gezogen werden, die zu Verbesserungen des Projekts führen.
a) Erläutere das Modell der Nachhaltigkeit (M2).
b) Untersuche das Projekt Belo Monte mithilfe des Nachhaltigkeitsdreiecks und beurteile den Bau des Wasserkraftwerkes (M2, M3).
c) „Soll das Wasserkraftwerk Belo Monte wirklich gebaut werden?" Führt eine Pro-Kontra-Diskussion durch (M1 – M4).
d) Erarbeitet Möglichkeiten, die Nachhaltigkeit des Staudammprojekts zu verbessern (M2, M3).

Grundwissen/Übung

M1 *Mexiko-Stadt*

Metropolen in Lateinamerika

Viele Staaten Lateinamerikas haben eine vergleichsweise große Landesfläche. Aber die durchschnittliche Bevölkerungsdichte ist gering, denn die meisten Lateinamerikaner leben heute in Städten. Der **Verstädterungsgrad** aller lateinamerikanischen Länder ist hoch. Er ergibt sich aus dem Anteil der Gesamtbevölkerung, der in Städten lebt, und wird in Prozent angegeben. Von den heute über 580 Mio. Einwohnern Lateinamerikas leben etwa 460 Mio. in Städten – das ergibt einen Verstädterungsgrad von rund 80 Prozent. Für die Zukunft wird ein weiterer Anstieg vorhergesagt.

Vor allem in den Hauptstädten wuchsen die Einwohnerzahlen in den letzten Jahrzehnten besonders schnell. So lebt in Lateinamerika ein besonders hoher Anteil der Menschen in **Metropolen**. Der Prozess der Konzentration eines großen Anteils der Bevölkerung, von Wirtschaft, Verwaltung, sozialen und kulturellen Einrichtungen, wie z. B. Universitäten, Sportstätten, Kunsthallen, in zumeist nur einer Stadt eines Landes wird als Metropolisierung bezeichnet. Die Metropolen sind dabei weit über die ehemaligen Stadtgrenzen mit mehreren Millionen Einwohnern hinaus gewachsen. Die administrative Stadtfläche Mexiko-Citys, eine der größten Metropolen der Erde, beträgt rund 1500 km², die gesamte Metropolregion ist heute jedoch mehr als fünfmal so groß.

M2 *Millionenstädte in Lateinamerika*

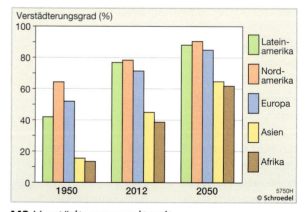

M3 *Verstädterung weltweit*

Die Stadt liegt nahe des südlichen Wendekreises an der Atlantikküste.	**Favelas** heißen in diesem Land die Armenviertel an den Stadträndern.	Einwohner der Favelas gelangen mit der Seilbahn in Stadtviertel mit S-Bahn-Anschluss.	Die Favelas liegen meist am Stadtrand. Die Häuser sind notdürftig gebaut.		Eine Fahrt mit der Seilbahn kostet umgerechnet 40 Euro-Cent.
In den Favelas gibt es nur wenig Arbeitsplätze.					Favela-Stadtviertel sind wild gewachsen; es gibt keine ausgebauten Straßen.
Gebaut wurde die Seilbahn 2004. Sie verbindet sechs Favelas miteinander.					Der Zuckerhut ist ein Wahrzeichen der Stadt.
Sechs Stationen werden während der 15-minütigen Fahrt bedient.					Fabriken und Dienstleistungsbetriebe befinden sich im Stadtzentrum.
Copacabana heißt der berühmte Strand in dieser Stadt.	30 Prozent der Einwohner dieser Stadt leben in Favelas.	Hier leben die Menschen, die keine Miete bezahlen können.	Kosten für das Seilbahnprojekt: etwa 100 Mio. Euro		Mittlerweile nutzen auch Touristen die Seilbahn.

M4 *Um welche Stadt handelt es sich?*

Agglomeration	1950	1970	2000	2013
Mexiko-Stadt	2,9	8,7	18,1	23,8
São Paulo	2,8	8,1	17,8	21,5
Buenos Aires	5,1	8,3	12,6	14,5
Rio de Janeiro	3,5	7,0	10,7	12,9
Lima	1,0	2,8	7,4	9,7
Bogotá	0,7	2,4	6,8	9,3
Santiago	1,3	2,8	5,5	6,8
Belo Horizonte	0,5	1,6	2,2	5,9
Guadalajara	0,4	1,5	1,7	4,9

M5 *Einwohnerzahlen in Mio. (Stadt mit Umland)*

Politisches Zentrum
- Sitz wichtiger staatlicher Behörden
- Sitz internationaler Organisationen

Wirtschaftszentrum
- große Branchenvielfalt
- Sitz der Hauptverwaltung großer Konzerne
- Knotenpunkt für Handelsbeziehungen

Metropole

Verkehrs- und Versorgungszentrum
- Flughäfen mit interkontinentalen Verbindungen
- Knotenpunkt von Kommunikationsnetzwerken
- Standort zentraler Versorgungseinrichtungen (Krankenhaus, Einkaufszentren)

Kultur- und Bildungszentrum
- großes Angebot an Theatern, Museen und anderen Kultur- und Freizeiteinrichtungen
- vielfältige Bildungs- und Forschungseinrichtungen

M6 *Merkmale einer Metropole*

❶ Lateinamerika – große Städte und ihre Lage.
a) Ermittle, um welche Metropolen es sich handelt und in welchem Land sie liegen (M2, Atlas).
- An einer Trichtermündung liegen nördlich und südlich zwei Metropolen – die Hauptstädte ihres Staates.
- Der Vulkan Popocatepetl liegt unweit der größten Stadt Mittelamerikas.
- Südlich des Titicacasees liegt die höchstgelegene Hauptstadt der Erde.
b) Formuliere Hinweise zu weiteren Metropolen.

❷ Die Städte Lateinamerikas sind in den letzten Jahrzehnten deutlich gewachsen.
a) Vergleiche die Entwicklung des Verstädterungsgrades Lateinamerikas mit Europa und Nordamerika (M3).
b) Berechne das Wachstum ausgewählter Metropolen Lateinamerikas (M5).
c) Diskutiere Folgen des Wachstums in den Metropolen.

❸ Werte M4 mithilfe der Methode „Bilder beschreiben" aus (Anhang). Gehe dazu folgendermaßen vor:
a) Betrachte das Bild und notiere, was dir dazu einfällt.
b) Formuliere eine Bildunterschrift.
c) Schreibe Vermutungen auf, was es mit dem Bild auf sich hat.
d) Finde mithilfe der Hinweise heraus, wo das Bild aufgenommen wurde und wie die Besonderheiten aus dem Bild zu erklären sind.
e) Ergänze abschließend eine neue Bildunterschrift, in der deine Ergebnisse berücksichtigt sind.

Grundwissen/Übung

M1 *Blick auf die Metropole São Paulo*

São Paulo – eine Megastadt

São Paulo ist die größte Stadt Brasiliens. Das Stadtgebiet ist auf einer Fläche von 80 km mal 60 km geschlossen bebaut – ein Häusermeer, soweit das Auge reicht. Die Stadt, die nie Hauptstadt Brasiliens war, ist eines der wichtigsten Wirtschaftszentren des Landes. Mehr als ein Drittel des brasilianischen Außenhandels wird über den Hafen Santos abgewickelt. Rund 30 Prozent der brasilianischen Industrieproduktion (z. B. Fahrzeug- und Maschinenbau, Textil-, Chemie- und Nahrungsmittelindustrie) sind hier konzentriert. Neben einheimischen sind auch viele international tätige Unternehmen angesiedelt, z. B. Volkswagen do Brasil mit 20 000 Beschäftigten.

Die moderne Seite São Paulos lockt mit Arbeitsplätzen, moderner Infrastruktur, Bildungsmöglichkeiten, Kultur. Für viele auf dem Land lebende Menschen ist die Aussicht auf ein mögliches besseres Leben Grund, ihre Heimat zu verlassen. Jährlich sind es Hunderttausende, die den Weg in die Metropole wagen (**Landflucht**). Der Traum der Zuwanderer wird meist nicht erfüllt, denn es kommen mehr, als die Stadt ihnen an Wohnungen und Arbeitsplätzen bieten kann. Den Landflüchtlingen bleibt zunächst nichts weiter übrig, als in meist illegal erbauten Hütten in Armenvierteln, Favelas, zu leben. Reichtum und Armut sind oft in unmittelbarer Nachbarschaft anzutreffen.

„Wir haben es einfach nicht mehr ertragen. Unser kleines Stück Land hat meine Eltern und meine sechs Geschwister nicht mehr ernähren können. Mein Vater meinte, dass der Boden nicht ausreichend Ertrag bringen und er auch nicht genügend Geld haben würde, um Dünger zu kaufen. Früher haben wir alle während der Ernte auf der Zuckerrohrplantage geholfen. Jetzt setzt der Großgrundbesitzer immer mehr Maschinen ein, um den Lohn für die Erntehelfer zu sparen. Kaum ein Tag vergeht, an dem wir nicht hungrig ins Bett gehen. Zwei meiner Geschwister sind letztes Jahr gestorben, als noch eine Dürre unser Elend verschärfte und unser Brunnen versiegte. In unserem Dorf gibt es keine Krankenstation. Jetzt hat sich mein Vater, wie so viele, entschlossen, mit uns in die Stadt zu gehen. Vom letzten Geld hat er die Busfahrkarten gekauft. Nur ein paar Kleidungsstücke haben wir mitgenommen, alles andere ließen wir in der Hütte zurück. Mein Vater hofft, dass er Arbeit in der Stadt finden wird und keiner von uns mehr hungern muss. Und wir Kinder dürfen erstmals in eine Schule gehen und Lesen und Schreiben lernen."

M2 *Leandro, Sohn eines Zuwanderers, erzählt*

M3 *Paraisópolis (Paradiesstadt), links im Bild, ist mit geschätzten 60 000 Einwohnern die größte Favela São Paulos. Sie liegt in Morumbi, einem der reichsten Stadtteile der Metropole.*

Jahr	Kernstadt	Agglomeration
1950	2,2	2,5
1960	3,8	4,9
1970	5,9	8,3
1980	8,3	12,7
1990	9,4	15,1
2000	9,8	18,0
2011	11,3	19,96

M4 *São Paulos Bevölkerungsentwicklung (in Mio.)*

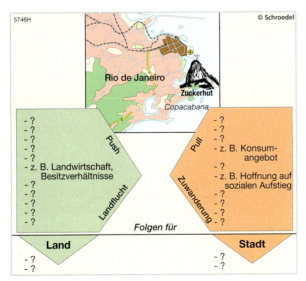

M5 *Land-Stadt-Wanderung – Faktoren und Folgen*

❶ São Paulo ist nicht nur die größte Stadt Brasiliens, sondern die der gesamten Südhalbkugel der Erde.
a) Beschreibe die Lage der Stadt (Atlas).
b) Stelle die Bevölkerungsentwicklung São Paulos in einem Diagramm dar (M4).
c) Erläutere die Bedeutung São Paulos für Brasilien (Text, Atlas).

❷ Im Jahr 2013 sind rund 500 000 Menschen neu nach São Paulo gekommen, das entspricht der Einwohnerzahl der großen sächsischen Städte zusammen! Die meisten kommen aus ländlichen Regionen.
a) Nenne Gründe, die Leandros Familie dazu bewogen haben, die Heimat zu verlassen (M2).
b) Leandros Vater kommt nach São Paulo – beschreibt, wie ihr euch seine ersten Tage in der Stadt vorstellt (M2).
c) Interpretiert M3.
d) „Landflucht gibt es nicht nur in Brasilien, sondern auch in Deutschland." Beurteilt diese Aussage.

❸ Wachstum der Metropolen – Potenziale und Probleme für die Stadt und das Land.
a) Übertragt in Lerngruppen M5 auf ein Plakat.
b) Vervollständigt Gründe für Landflucht (**Push-Faktoren**) bzw. für anziehende Faktoren der Stadt (**Pull-Faktoren**).
c) Diskutiert positive und negative Folgen für den ländlichen Raum und die Stadt und tragt die Ergebnisse ein.

M1 *Entsorgungsprobleme in den Favelas*

M3 *Sozialer Wohnungsbau*

São Paulo – Probleme lösen

Aufgrund des anhaltenden immensen Wachstums stehen Metropolen wie São Paulo vor vielen sozialen und ökologischen Problemen: Wohnungsnot, Verkehrschaos, Luftverschmutzung, Wassermangel, Kriminalität. Stadtplaner und Bewohner stehen bei der Lösung vor großen Herausforderungen, zumal die wirtschaftlichen Voraussetzungen der lateinamerikanischen Länder nicht die besten sind.

Sogenanntes „Slum Upgrading" soll die Lebenssituation der Menschen in den Favelas aufwerten. Um Erdabrutschen vorzubeugen, werden Hänge zubetoniert, es werden Stromleitungen gelegt und Häuser an die Kanalisation angeschlossen. Alle Maßnahmen werden mit den Menschen abgestimmt und sie werden in die Planungsprozesse einbezogen. So kommt es manchmal auch zu unkonventionellen Lösungen, z. B. wird eine Straße lieber um ein Haus gebaut, als es abzureißen.

M4 *Lösungsansatz Slum Upgrading*

In neu entstehenden und illegalen Armenvierteln fehlt jegliche Strom- und Wasserversorgung, eine geregelte Müllentsorgung gibt es nicht. Abwässer gelangen unkontrolliert ins Grundwasser. Die Gefahr der Ausbreitung von Krankheiten und Seuchen ist groß.
Die einfachen Häuser bestehen aus Brettern und Wellblech. Da Arbeitsplätze fehlen bzw. weit entfernt der Favelas liegen, müssen die meisten Bewohner Hilfsarbeiten und Gelegenheitsjobs ohne Arbeitsvertrag und Absicherung übernehmen. Die hohe Arbeitslosigkeit führt zu sozialen Spannungen und einer hohen Kriminalitätsrate. Einbrüche, Entführungen, Diebstähle und Morde sind an der Tagungsordnung, nicht nur in den Favelas, sondern auch in den benachbarten Wohngebieten. Der Staat kann häufig nur noch mit großem Polizei-Einsatz eine gewisse Kontrolle ausüben.
Neue Favelas entstehen an steilen Hängen oder direkt an Flussufern. Während der Regenzeit ist die Gefahr groß, dass Hänge abrutschen oder es zu Überschwemmungen kommt.

M2 *Problemfelder illegaler Favelas*

Armenviertel ist nicht gleich Armenviertel. In älteren, meist legalisierten Favelas haben die Einwohner eine eigene einfache Infrastruktur aufgebaut. Die Lebensbedingungen haben sich durch die Eigeninitiative verbessert und die Bewohner haben sich eingerichtet.
So ist es nicht verwunderlich, dass es bei geplanten städtischen Sanierungsplänen zu Konflikten kommt, denn diese sind meist mit dem Abriss der Favelas verbunden, um an diesen Stellen neue Häuser zu bauen.
Die Bewohner der Favelas müssen ihr gewohntes Umfeld verlassen. Und ob sie die Mieten der neuen Wohnungen bezahlen können, ist nicht gesichert. Auch für Strom, Wasser und Müll müssen dann Gebühren entrichtet werden.
Die Einwohner innenstadtnaher Favelas befürchten eine Vertreibung, denn häufig entstehen auf den begehrten Flächen hochwertige Neubauten oder Gewerbeflächen. Preiswerte Wohnungen werden oft nur in weit von den Arbeitsplätzen entfernten Stadtgebieten errichtet.

M5 *Lösungsansatz Wohnungsneubau*

M6 *Slum Upgrading*

M9 *„Hubschrauberstadt"*

	Anzahl	Wohnungen	Einwohner (Mio.)	Anteil an der Stadtbevölkerung (%)
anerkannte Favelas	1 570	37 700	1,5	14
illegale Favelas	1 230	48 500	1,8	16
sanierte Favelas	220	30 800	0,1	1
Armenviertel (ges.)	3 020	892 800	3,4	31

M7 *Strukturen der Favelas in São Paulo*

Mehr als sieben Millionen Autos, Busse, Motorräder und Lastkraftwagen fahren durch São Paulo und täglich kommen schätzungsweise 700 neue Fahrzeuge dazu. Während des Berufsverkehrs kriecht der Verkehr mit einer oft nur im Fußgängertempo über die bis zu zehnspurigen Straßen. An schlechten Tagen haben Behörden Staus von insgesamt mehr als 250 km gemessen. Lärm und hohe Konzentrationen von Luftschadstoffen wie Kohlenstoffmonoxid und Stickoxiden sind die Folge und führen z. B. zu einem erhöhten Risiko von Atemwegserkrankungen der Einwohner. Die fünf U-Bahn-Linien und mehr als 15 000 Busse im öffentlichen Personennahverkehr stoßen immer wieder an ihre Grenzen.

M8 *Problemfeld Verkehr*

Mit einem täglich wechselnden Fahrverbot für gerade und ungerade Autokennzeichennummern soll der Autoverkehr verringert werden.
Das Verkehrskonzept São Paulo 2040 sieht einen weiteren Ausbau des öffentlichen Nahverkehrs vor. In Zukunft soll außerdem auf die Förderung von Elektroautos gesetzt werden. Dem Fahrrad wird in diesem Konzept aufgrund der vorherrschenden Klima- und Reliefverhältnisse keine Zukunft vorhergesagt.
Unklar ist noch der Umgang mit dem Hubschrauber als Transportmittel. In São Paulo gibt es die meisten Hubschrauber-Taxis der Welt. In Stoßzeiten knattern Schwärme von Helikoptern durch die Betonschluchten.

M10 *Lösungsansätze Verkehr*

❶ Das Bevölkerungswachstum São Paulos hält an und verschärft die Probleme der Stadt.
a) Nenne Probleme der Metropole São Paulo (M1, M2, M8).
b) Stelle Ursachen, Ausmaß und Folgen dar.

❷ Probleme sind dazu da, sie zu lösen. Beurteilt in Lerngruppen folgende Lösungsansätze.
a) Sozialer Wohnungsbau – eine Lösung für die Bewohner der Favelas (M3, M5)?
b) Hubschraubertaxis – eine Lösung des Verkehrschaos (M9, M10)?
c) Slum Upgrading – ein Zukunftsmodell für Favelas (M4, M6)?

Gewusst – gekonnt: Lateinamerika

1. Orientierung

a) Unternimm eine Reise durch Südamerika. Die Stationen der Reise sind in der Karte eingetragen. Fertige ein Reiseprotokoll an, in das du
- die Namen der Städte,
- die Namen der Länder,
- die Naturbesonderheiten

einträgst.

b) Erstelle ein Reiseprotokoll für eine Rundreise durch Mittelamerika.

c) Beschreibe mindestens drei Gemeinsamkeiten der folgenden Staaten (Atlas): Trinidad und Tobago, Grenada, Barbados, St. Vincent und Grenadinen, St. Lucia, Dominica, St. Kitts, Antigua und Barbuda.

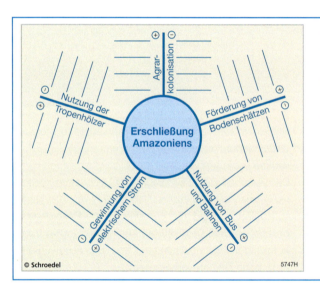

2. Die Erschließung Amazoniens

a) Übertrage die Mindmap in deinen Hefter oder auf ein Plakat.

b) Schreibe an die Achsen positive und negative Auswirkungen.

c) Notiere zusätzlich Forderungen und Maßnahmen, die für eine nachhaltige Erschließung Amazoniens zu beachten sind.

3. Entscheide, ob die Aussagen wahr oder falsch sind. Begründe deine Antwort. Denke dir eigene Fragen aus.

	wahr	falsch
a) Die Grenze zwischen den USA und Mexiko ist mehr als eine Ländergrenze.	☐	☐
b) Die vorherrschende Sprache in Lateinamerika ist Portugiesisch.	☐	☐
c) Inka, Maya und Azteken – indianische Hochkulturen im 15. Jahrhundert	☐	☐
d) Die Ostküste Südamerikas ist von Erdbeben und Vulkanausbrüchen bedroht.	☐	☐
e) Die Anden sind die Kordilleren Südamerikas.	☐	☐
f) Favelas – die indianische Urbevölkerung Brasiliens	☐	☐
g) Immer wieder bedrohen Tornados die Antillen.	☐	☐

4. Begriffsgruppen bilden

Ordnet jeweils Begriffe, die zusammen gehören können. Notiert für jede Begriffsgruppe einen Überbegriff. Tauscht euch mit euren Mitschülern oder in Lerngruppen aus.

Amazonien, älteste Gesteine, tropischer Regenwald, Nordosten Südamerikas, Rio de Janeiro, Bergland von Guyana, Favela, Push-Pull-Faktoren, Transamazônica, Antillen, Mittelgebirge, Kuba, Anden, Hurrikan, Agrarkolonisation, Karibik, Chile, Vulkane, Metropole, Hochgebirge

5. Metropolisierung am Beispiel von Mexiko-Stadt

a) Beschreibe die Lage und die natürlichen Bedingungen von Mexiko-Stadt (Atlas).
b) Setze die Entwicklungsdaten von Mexiko-Stadt in ein Diagramm um.
c) Erläutere Ursachen und Folgen dieser Entwicklung in kurzen Sätzen.

	1950	1960	1970	1980	1990	2000	2012
Bevölkerung von Mexiko (Mio.)	27	36	50	68	84	100	115
Bevölkerung von Mexiko-Stadt (Mio.)	2,9	5,0	8,8	13,0	15,3	18,1	20,7
Anteil der Bevölkerung von Mexiko-Stadt an der Gesamtbevölkerung (%)	10,7	13,9	17,6	19,1	18,2	18,1	18

6. Interpretiere die Karikatur. Gehe dazu folgendermaßen vor:

a) Beschreibe die Karikatur.
b) Erkläre, was der Karikaturist aussagen wollte.
c) Nimm persönlich Stellung.

7. Fachbegriffe des Kapitels

Lateinamerika
Vertrag von Tordesillas
Dreieckshandel
Azteken
Maya
Inka
Kordilleren
Alexander von Humboldt
Puna
Paramo
Panamakanal
Agrarkolonisation
Tropische Hölzer

Nachhaltigkeit
Verstädterungsgrad
Metropole
Favela
Landflucht
Push-Faktoren
Pull-Faktoren

Übung

Wahlpflichtteil

Inuit-Siedlung (Grönland)

Yellowstone-Nationalpark (Wyoming, USA)

Kaffeeernte (Nicaragua)

Wahlpflicht 1

Die Inuit der kanadischen Arktis

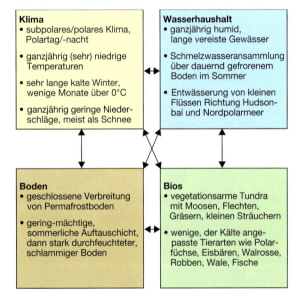

M1 *Völker der Arktis*

Inuit
Tschuktschen
Jakuten
Samen
Nenzen

Klima
- subpolares/polares Klima, Polartag/-nacht
- ganzjährig (sehr) niedrige Temperaturen
- sehr lange kalte Winter, wenige Monate über 0°C
- ganzjährig geringe Niederschläge, meist als Schnee

Wasserhaushalt
- ganzjährig humid, lange vereiste Gewässer
- Schmelzwasseransammlung über dauernd gefrorenem Boden im Sommer
- Entwässerung von kleinen Flüssen Richtung Hudsonbai und Nordpolarmeer

Boden
- geschlossene Verbreitung von Permafrostboden
- gering-mächtige, sommerliche Auftauschicht, dann stark durchfeuchteter, schlammiger Boden

Bios
- vegetationsarme Tundra mit Moosen, Flechten, Gräsern, kleinen Sträuchern
- wenige, der Kälte angepasste Tierarten wie Polarfüchse, Eisbären, Walrosse, Robben, Wale, Fische

M2 *Strukturschema zum Naturraum Arktis*

M3 *Siedlung der Inuit*

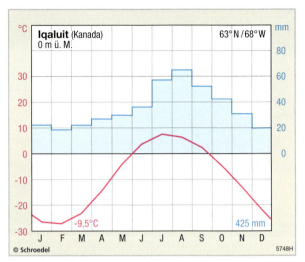

M4 *Klimadiagramm Iqaluit*

Die **Inuit** sind ein indigenes Volk in der Arktis. In der Sprache Inuktitut der Ureinwohner bedeutet Inuit „Menschen" (Einzahl Inuk „Mensch"). Die veraltete Bezeichnung Eskimo, was in der Übertragung „Rohfleischfresser" heißt, verwendet man heute nicht mehr.

Es wird angenommen, dass die Ureinwohner bereits um 3000 v. Chr. über die Beringstraße in das heutige Gebiet im Norden Kanadas gelangten.

Ihre ersten Kontakte mit der westlichen Zivilisation hatten sie Anfang des 19. Jahrhunderts, als Walfänger im Sommer im Lebensraum der Inuit auf Jagd gingen. Schnell übernahmen die Ureinwohner von den Weißen das Gewehr als Jagdwaffe, das viel effektiver als der traditionelle Bogen war. Später kamen auch Pelzhändler und Missionare aus Europa in die Region. Sie warben die Inuit für ihre Dienste an und bezahlten sie mit den mitgebrachten Waren, wie zum Beispiel Tabak, Gebäck und Tee.

Während des Zweiten Weltkrieges baute man auch in der kanadischen Arktis Militärstützpunkte. Gleichzeitig begann die Förderung von Bodenschätzen wie Erdöl, Erdgas und Erzen in der Region.

Der Einfluss der Neuankömmlinge wurde immer größer und führte im vergangenen Jahrhundert zu tiefgreifenden Veränderungen im Leben der kanadischen Inuit.

Heute leben von den insgesamt 160000 Ureinwohnern der Arktis rund 60000 in Kanada.

Projekt: Die Inuit der kanadischen Arktis

Methode: Ein Referat halten

Referate sind eine geeignete Möglichkeit, Inhalte zu bestimmten geographischen Themen in kompakter Form darzulegen. Die Qualität des Vortrages hängt unter anderem von der Materialsammlung, dem Grad der Anschaulichkeit sowie der Präsentation ab.

Die auf der linken Seite und den Folgeseiten des Lehrbuches enthaltenen verschiedenen Materialien zu den Inuit in Kanada dienen als Grundlage für die Erarbeitung eines Referats zum Thema „Das Leben der Inuit früher und heute".

Was ist ein guter Stichpunktzettel?

Es ist sinnvoll, sich für das Referat Stichpunktzettel anzufertigen. Sie dienen der Erinnerung und dem Abrufen von Informationen und können so das erfolgreiche Halten des Vortrages unterstützen. Folgende Hinweise sind zu beachten:
- Verwendung von DIN-A5-Karteikarten (handlich, fest)
- nur einseitig beschreiben
- eine große und lesbare Schrift wählen
- nur Stichworte, keine Sätze formulieren
- Fachbegriffe, Daten/Zahlen notieren
- nur ein Gliederungspunkt des Referats je Karteikarte
- Zeitangaben und Regieanweisungen mit anderer Farbe notieren (zum Beispiel Bild/Folie zeigen/auflegen).

Vier Schritte zum Halten eines Referats

1. Auswählen des Themas
Lege das Thema fest.
Erstelle eine Gliederung des Referats.

2. Sammeln von Material
Recherchiere nach Material im Internet, in der Fachliteratur, Lehrbuch und Atlas etc.
Beachte dabei dein Thema und die Gliederung des Referats.

3. Aufbereiten des Materials und Vorbereiten der Präsentation
Sortiere das Material entsprechend der Gliederung des Vortrags.
Fertige Folien oder andere Anschauungsmaterialien an.
Erstelle ein Handout.
Fertige Stichpunktzettel für deinen Vortrag an.

4. Halten des Referats

❶ Das Leben der Inuit Kanadas hat sich in den vergangenen Jahrzehnten sehr verändert.
a) Fertige ein Referat zum Thema „Das Leben der Inuit früher und heute" an (siehe S. 82–87, Atlas, Internet).
b) Erläutere im Referat Zusammenhänge zwischen den naturräumlichen Gegebenheiten und der Lebensweise der Inuit.

❷ Halte das Referat vor der Klasse.

M5 *Was muss ich bei einer Präsentation beachten?*

Projekt: Die Inuit der kanadischen Arktis

Das Leben der Inuit früher

Monat	J	F	M	A	M	J	J	A	S	O	N	D
Durchschnittstemperaturen (°C) von Inuvik und Stuttgart	-14	-14	-13	-8	1	6	8	7	3	-4	-8	-11
	-0,8	0,4	4,5	8,5	12,7	15,8	17,6	17,0	13,9	8,6	3,9	0,3
Wohnverhältnisse	feste Hütten aus Torf und Stein oder Holzhäuser an der Küste											
	Iglu auf Wanderungen				Zelte auf Wanderungen				Iglu auf Wanderungen			
Fischerei, Robbenfang	Heilbutt						Heilbutt und Dorsch					
	Robbenfang mit Netzen vom Eis aus						Robben- und Walfang im offenen Wasser			Robbenfang vom Eis aus		
Jagd	Eisbär, Polarfuchs, Schneehase				Rentiere, Moschusochsen, Vögel (z.B. Schneehühner)							
Verkehrsmittel	Hundeschlitten					Kajak				Hundeschlitten		
Lichtverhältnisse	Polarnacht		Wechsel von Tag und Nacht		Polartag (Mitternachtssonne)				Wechsel von Tag und Nacht		Polarnacht
Eisverhältnisse	Packeis			Treibeis		offenes Wasser			Treibeis		Packeis	

M1 *Lebensbedingungen in der kanadischen Arktis im Verlauf eines Jahres*

Die Unterkünfte der Inuit waren regional verschieden. An der Küste bauten die Inuit Häuser aus Stein oder Treibholz. Andere wohnten in Zelten, deren Gestell aus Walknochen bestand, das man mit Tierhäuten bespannte. Auch Erdhöhlen, mit einer Abdeckung aus Holz, Erde und Moos, dienten als Unterkunft. Das Iglu, ein halbrundes Schneehaus, war nur unter den Inuit im Westen Kanadas verbreitet. Dort baute man es meist nur während der Jagd oder wenn anderes Baumaterial nicht verfügbar war.

Das wichtigste Kriterium der Inuitkleidung war der Kälteschutz. Daher nutzten die Bewohner der kanadischen Arktis vor allem Felle heimischer Tiere, wie zum Beispiel von Karibus, Eisbären und Robben.
Die Mädchen und Frauen reinigten zunächst die Felle. Anschließend kauten sie das Leder weich, damit es sich besser verarbeiten ließ.
Sie fertigten daraus Hosen, Jacken mit Kapuzen und Stiefel, die sie bei extremer Kälte auch doppelt übereinander trugen.

M2 *Traditionelle Wohnunterkünfte der Inuit*

M3 *So kleideten sich die Inuit früher*

Projekt: Die Inuit der kanadischen Arktis

M4 *Unterwegs mit Schlittenhunden auf Drifteis im Frühsommer*

Das typische Fortbewegungs- und Transportmittel der Inuit an Land war der Hundeschlitten. Da für einen Schlitten ungefähr zwölf Hunde benötigt wurden, verwundert es nicht, dass in einer Inuitsiedlung meist mehr Hunde als Menschen lebten.
Auf dem Wasser nutzten die Inuit das Kajak, ein leichtes Boot, das aus Knochen, Treibholz und Robbenhäuten gebaut wurde.

M5 *Mobilität der Inuit*

Aufgrund der natürlichen Verhältnisse konnten die Inuit keine Landwirtschaft betreiben. Daher lebten sie von der Jagd. Das Jagen war Aufgabe der Männer. Mit Harpunen, Fanghaken oder Pfeil und Bogen erlegten sie früher vor allem Robben, Wale, Walrösser und Fische – weiter landeinwärts vor allem Karibus, Polarfüchse und Schneehasen. Die Inuit trockneten das Fleisch, oder sie aßen es roh.

M7 *Die traditionelle Nahrung der Inuit*

M6 *Verwertung einer erlegten Robbe*

M8 *Zum Eigenverzehr ist die Robbenjagd erlaubt*

Projekt: Die Inuit der kanadischen Arktis

M1 *Iqaluit*

Nunavut – „Unser Land"

Am 1. April 1999 wurde Nunavut als ein eigenständiger Teil vom Nordwest-Territorium Kanadas abgetrennt. Die Inuit erhielten erstmals die Möglichkeit, ihre Heimat weitgehend autonom zu verwalten. Bis zu diesem Zeitpunkt führten sich die kanadischen Behörden oft wie Kolonialherren auf. Zum Teil rücksichtslos verfolgten sie das Ziel, die Inuit in das moderne Kanada einzugliedern. Die Ureinwohner wurden schlecht behandelt und bewusst von ihrer Kultur entfremdet. Daher ist der Schritt der Gründung Nunavuts auch als ein Akt der Wiedergutmachung und Entschädigung für Landenteignungen zu sehen. Die kanadische Regierung trug so dem Wunsch der Inuit nach Selbstbestimmung Rechnung.

In Nunavut lebt die jüngste Bevölkerung Kanadas. Jeder dritte Bewohner ist unter 15 Jahre alt. Zudem liegt das Bevölkerungswachstum deutlich über dem Landesdurchschnitt. Lebten im Gründungsjahr rund 27 000 Menschen in Nunavut, sind es mittlerweile 32 000. Für 2020 rechnet man mit 43 000 Einwohnern.

Die Hauptstadt Nunavuts ist Iqaluit. Das bedeutet in Inuktitut, der Sprache der Inuit, „Ort mit viel Fisch".

Hier leben mehr als 6 700 Menschen. 2001 erhielt Iqaluit den Status einer Stadt, in der es sieben Schulen, zwei Hochschulen, moderne Parlaments- und Regierungsgebäude, ein Gericht, Polizeipräsidium und sogar ein Gefängnis gibt.

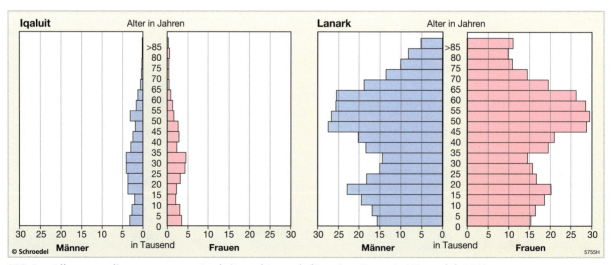

M2 *Bevölkerungsdiagramme von Iqaluit und Lanark (Provinz Ontario / Kanada) 2011*

M3 *Unterwegs mit dem Motorschlitten*

M6 *Inuit im Schulunterricht*

Das Leben der Inuit heute

The local shops offer most goods for the everyday use of the Inuit, other products can be ordered on the internet.

The adults do not only work as hunters or trappers, although they sell some fur and skins to the local traders. Some of them earn their money in the tourist industry, selling Inuit craft, or working as guides. However, many are unemployed and have to live on social benefits because there are not enough jobs in these regions, except on the oil and mining industry.

Most of the small settlements have got electricity now and sometimes medical centers.

Many villages are too small to have their own school. So the children go to boarding schools in larger settlements. There they live during the school year, flying back home only for school holidays.

M4 *Inuit life today*

Die ursprünglich an die Natur angepasste Lebensweise der Inuit hat sich in den vergangenen Jahrzehnten stark verändert. Die Infrastruktur in ihrem Lebensraum wurde ausgebaut und so eine bessere Anbindung und Versorgung erreicht. Das klingt zunächst positiv, führte aber zu massiven Eingriffen in das traditionelle Leben der Inuit. So bieten zum Beispiel Supermärkte heute alles an, was man an Nahrung benötigt. Damit verlor die Jagd zur Nahrungsbeschaffung, einst ein wesentlicher Teil des sozialen Lebens, an Bedeutung. Den Identitätsverlust verkraftet nicht jeder Inuit. Besonders Männer suchen deshalb oft Zuflucht in Drogen, Alkohol und Glücksspiel. Die Suizidrate entspricht dem Vierfachen des übrigen Kanadas. Ein Fünftel der Inuit hat einen Lebensstandard, der unter dem Durchschnitt des Landes liegt. Viele der Familien beziehen Sozialleistungen.

M7 *Soziale Probleme der Inuit heute*

PROJEKT

Ökologische Probleme

Schadstoffbelastung:
- zunehmende Luft-/Wasserbelastung
- Versickerung von Motorenöl im Eis/in der Auftauschicht des Permafrostbodens
- Schadstoffkonzentration im Fett der Säugetiere und Weitergabe über die Nahrungskette

Müllentsorgung:
- wachsende Schrottberge aus alten Autos, Schneemobilen, Haushaltsgeräten ...

Klimawandel:
- dünneres Eis – eingeschränkte Befahrbarkeit
- früheres Tauen des Eises/des oberen Permafrostbodens
- traditionelles „Lesen" des Wetters/der Strömungen und Untiefen des Wassers wegen unbekannter Verhältnisse erschwert
- Verdrängung des Kabeljau durch neue Arten
- veränderte Wanderrouten der Karibus ...

M5 *Ausgewählte ökologische Probleme im Lebensraum der Inuit*

Projekt: Die Inuit der kanadischen Arktis

Wahlpflicht 2

Nationalparks in den USA – Schutzgebiete und Touristenmagnete

1872 wurde im Yellowstone-Gebiet in den USA der weltweit erste **Nationalpark** gegründet. Ihm folgten in den USA bis heute weitere 58, wobei einige von ihnen sogar in die Liste der **UNESCO-Welterbestätten** aufgenommen wurden.
Entsprechend der International Union for Conservation of Nature and Natural Resources (IUCN) sind Nationalparks Schutzgebiete der Kategorie II, die ökologisch wertvoll und daher besonders vor unerwünschten Eingriffen des Menschen und Umweltbelastungen bewahrt werden müssen. Jedoch variieren weltweit die Kriterien für solche Schutzgebiete. Die deutschen Nationalparks erfüllen nur teilweise die Vorgaben der IUCN.

Das heutige Nationalparkkonzept sieht einen wirkungsvollen Naturschutz sowie die Umweltbildung vor. In Ausstellungen und Führungen können die Besucher Informationen zum jeweiligen Nationalpark erhalten und somit für den nachhaltigen Umgang mit der Natur sensibilisiert werden. Die Nationalparks ziehen jedes Jahr viele Millionen Touristen an. Daher ist es in einigen Nationalparks mittlerweile schwer, die Balance zwischen Naturschutz und Tourismus zu wahren. So führen steigende Besucherzahlen zu erhöhten Lärmbelastungen und Trittschäden. Mit verschiedenen Schutzmaßnahmen versuchen die Nationalparkbehörden, solche Folgen zu reduzieren.

① **Sequoia-Nationalpark**
Hauptattraktion des in der Sierra Nevada gelegenen Nationalparks sind die Riesenmammutbäume, die mit mehr als 80 m Höhe und einem Basisstammdurchmesser von bis zu 11 m die größten Bäume der Erde sind. Viele der Bäume sind bis zu 3 200 Jahre alt.

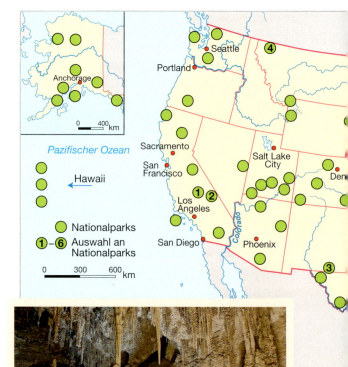

② **Death-Valley-Nationalpark**
Das „Tal des Todes" ist eines der trockensten Gebiete der Erde und ein Hitzepol. Hier befindet sich der tiefste Punkt Nordamerikas (-86 m NN). Eine Besonderheit sind die wandernden Felsen.

③ **Carlsbad-Caverns-Nationalpark**
Die Besonderheit erschließt sich dem Besucher erst unter Tage: 83 Tropfsteinhöhlen, darunter die weltweit größten unterirdischen Räume sowie die tiefste bekannte Höhle (487 m unter der Erdoberfläche).

M1 *Verteilung der Nationalparks in den USA (eine Auswahl ①–⑥)*

④ **Glacier-Nationalpark**
Diese Landschaft in den Rocky Mountains, seit 1995 UNESCO-Weltnaturerbe, wird auch als „Krone des Kontinents" bezeichnet. Die einst durch 150 Gletscher gekennzeichnete Region wird jedoch vermutlich bis 2030 komplett gletscherfrei sein.

⑤ **Shenandoah-Nationalpark**
Zahlreiche Flüsse, Wasserfälle sowie die dicht bewaldeten Kammbereiche prägen das geschützte Gebiet in den Appalachen. Auf dem 170 km langen Skyline Drive kann man durch den gesamten Nationalpark fahren.

⑥ **Everglades-Nationalpark**
Hier sind die einzigen wild lebenden Flamingos der USA beheimatet und es leben Krokodile und Alligatoren gemeinsam in einem Gebiet. Durch Trockenlegungen und Umweltbelastungen stehen die Everglades auf der roten Liste gefährdeter Welterbestätten.

Jahr	Anzahl
1872	1
1890	3
1910	9
1930	21
1950	33
1970	40
1990	54
2010	59
2013	59

M2 *Anzahl der Nationalparks in den USA (2013)*

❶ Die Nationalparks der USA spiegeln die naturräumliche Vielfalt des Landes wider.
a) Erkläre diese Aussage (M1).
b) Fertige eine Tabelle zu den Nationalparks dieser Doppelseite an (Name, Bundesstaat, Gründungsjahr, Besonderheiten) (M1, Atlas, Internet).
c) Recherchiere zu den „wandernden Felsen" ② (Internet).

❷ Jedes Jahr strömen Millionen Touristen in die Nationalparks.
a) Fasse die Inhalte des Nationalparkkonzepts zusammen.
b) Werte M2 aus.
c) Erläutere Probleme, mit denen die Nationalparkbehörden infolge hoher Besucherzahlen konfrontiert sind.
d) Diskutiert mögliche Konzepte, Naturschutz und Tourismus in Einklang zu halten.

Projekt: Nationalparks in den USA

Nationalparks – Vielfalt an Natur und Erholungsmöglichkeiten

Mit der Besiedlung Angloamerikas drangen Pelztierjäger und Goldsucher bis in die Rocky Mountains vor. Aber ihren Schilderungen von blubbernden Schlammtöpfen und dampfenden Quellen schenkte man zunächst keine Bedeutung. Erst die Bilder und Berichte einer offiziellen Expedition vom Yellowstone-Gebiet mit tausenden heißen Quellen und Geysiren begeisterte die damalige Regierung derart, dass sie das gesamte Gebiet unter Schutz stellte.

Heute strömen jährlich mehr als drei Millionen Touristen in den Yellowstone-Nationalpark, um die Besonderheiten der Natur zu erleben. Sein Schutzgebiet ist halb so groß wie Sachsen. 290 Wasserfälle, der Yellowstone Lake und viele Wildtiere machen den Nationalpark für Besucher attraktiv. Man kann wandern, bergsteigen, Boot fahren und im Winter per Ski oder Schneemobil das Gelände erkunden. Die Touristen wollen aber auch einige der mehr als 10 000 heißen Quellen und Geysire sehen, die zeigen, dass das dieses Gebiet eine geologische Aktivzone ist.

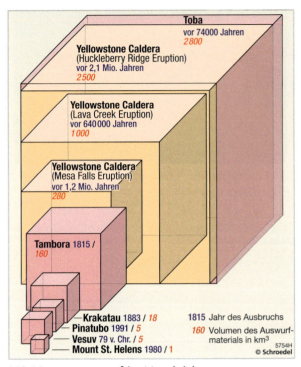

M2 *Magmaauswurf im Vergleich*

M1 *Castle Geysir (Yellowstone-Nationalpark)*

Der Yellowstone-Nationalpark – ein (Super-)Vulkangebiet

Große Teile des Parks liegen in einer **Caldera**, die durch mehrere gewaltige Ausbrüche des Yellowstone-Vulkans entstand. Die stärkste Eruption fand vor 2,1 Mio. Jahren statt. Insgesamt wurden bei diesem Ereignis 2 500 km³ Material ausgeworfen. Solche Supervulkane hinterlassen nach ihrem Ausbruch riesige Krater von Durchmessern bis 100 km. Die Auswurfmaterialmenge eines Supervulkans beträgt mindestens 1 000 km³. Die Folgen solcher Naturereignisse sind katastrophal. Deshalb untersuchen Wissenschaftler das Yellowstone-Gebiet sehr genau. Nur wenige Kilometer unter der Erdoberfläche befindet sich hier eine große Magmakammer mit 15 000 km³ Magma. Ist der Überdruck dort zu hoch, kommt es zur Eruption. Die Forscher vermuten, dass dieser Überdruck durch nachfließendes Magma sowie Dichteunterschiede zwischen dem Magma und dem dichteren, festen Gestein zustande kommt. Für den Yellowstone-Vulkan haben sie einen zeitlichen Rhythmus seiner Ausbrüche von 600 000 Jahren festgestellt. Die letzte Eruption war vor 640 000 Jahren.

M3 *Vulkanismus im Yellowstone-Nationalpark*

M4 *Delicate Arch im Arches Nationalpark*

Im Arches-Nationalpark

Der Name des Nationalparks weist bereits auf seine Hauptattraktion hin: Mehr als 2000 Natursteinbögen befinden sich hier auf nur 310 km². Dies ist die weltweit höchste Konzentration solcher Felsformationen. Besonderer Touristenmagnet ist der Delicate Arch, der auch das Autokennzeichen vom Bundesstaat Utah ziert.

Die bogenartigen Felsstrukturen sind das Ergebnis einstiger tektonischer Vorgänge und bis heute andauernder exogener Prozesse wie Verwitterung und Erosion.

Die Schönheit der auf dem Coloradoplateau gelegenen Landschaft wird aber auch durch die canyonartigen, meist trockenen Täler des Colorado und seiner Nebenflüsse sowie eine spezielle Tier- und Pflanzenwelt bestimmt.

M6 *Besonderheiten im Arches-Nationalpark*

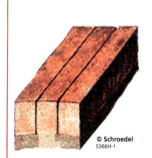
Bildung von Rissen und Spalten im Gestein durch Hebung und Aufwölbung des Gebietes

Einfluss exogener Kräfte (Wasser, Sonneneinstrahlung, Frost, Wind) bewirkt Vergrößerung der Spalten

Abbrechen von Gestein und teilweise Durchbruch der Rippen oder Bildung von Bögen

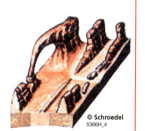
Fortschreitende Erosion bis zum vollständigen Abbau der Rippen und Naturbögen

M5 *Entstehung der Naturbögen (Arches)*

❶ Der Yellowstone-Nationalpark ist einer der bekanntesten Nationalparks in den USA.
a) Beschreibe die Lage des Nationalparks (S. 88 M1, Atlas).
b) Erläutere das touristische Potenzial des Yellowstone-Nationalparks (M1, Internet).

❷ Das Yellowstone-Gebiet ist eine geologische Aktivzone.
a) Belege diese Aussage anhand von Fakten (M1–M3, Atlas, Internet).
b) Erkläre Merkmale von Supervulkanen (M3).
c) Begründe, weshalb der Yellowstone-Vulkan als Supervulkan bezeichnet werden kann (M3).
d) Vergleiche einzelne Vulkane hinsichtlich des Volumens ihres Auswurfmaterials (M2).
e) Verorte die in M2 benannten Vulkane (Atlas).

❸ Der Arches-Nationalpark ist ein beliebtes Reiseziel.
a) Fasse Merkmale dieses Nationalparks zusammen (M4–M6).
b) Begründe, weshalb auf Autokennzeichen Utahs der Delicate Arch abgebildet ist (M4).
c) Erkläre die Entstehung von Natursteinbögen als Resultat endogener und exogener Prozesse (M5, S. 22/23, Internet).

Projekt: Nationalparks in den USA

Werbeprospekte als Informationsquelle

M1 *Beispiele für Werbeprospekte, die Schüler angefertigt haben*

Methode: Anfertigen eines Werbeprospekts

Die Besucherzentren der Nationalparks sind wichtige Anlaufstellen für Touristen, um sich einen ersten Eindruck vom Nationalpark zu verschaffen. Dabei helfen vor allem ausliegende Werbeprospekte. Sie geben einen Überblick zum jeweiligen Nationalpark hinsichtlich:
- der Lage, Größe, Ausdehnung
- der Geschichte
- naturräumlicher Gegebenheiten
- Sehenswürdigkeiten und Highlights
- touristischer Angebote
- Ansprechpartnern, Adressen.

Eine farbenfrohe und plakative Gestaltung der Prospekte soll die Aufmerksamkeit der Besucher auf das Informationsmaterial lenken. Kurze und interessante Informationen vor allem zu Alleinstellungsmerkmalen und Besonderheiten erhöhen die Neugier auf den Nationalpark und regen zur Inanspruchnahme verschiedener touristischer Angebote an.

Für die Gestaltung eines Werbeprospektes zu einem Nationalpark der USA stehen verschiedene Informationsquellen wie Internet, Nachschlagewerke, Reiseführer bzw. Reisekataloge, Videos und DVDs sowie Bildbände und Reiseberichte zur Verfügung.

Drei Schritte zum Anfertigen eines Werbeprospekts

1. Vorüberlegungen/Überblick verschaffen
Kläre, für welche Zielgruppe und welchen Anlass der Werbeprospekt bestimmt ist.
Wähle ein Format für den Werbeprospekt.
Lege das Thema des Werbeprospekts fest.
Verschaffe dir einen Überblick zu Materialien/Informationen der Themenseiten im Lehrbuch.

2. Erarbeiten der Inhalte des Werbeprospekts
Erfasse und stelle wichtige Informationen zum Thema zusammen.
Sammle und wähle Bildmaterial, Grafiken und anderes Material aus.

3. Anfertigen des Werbeprospekts
Ordne das erarbeitete/zusammengestellte Material im Werbeprospekt unter Berücksichtigung der Grundregeln zur Gestaltung von Werbeprospekten an.

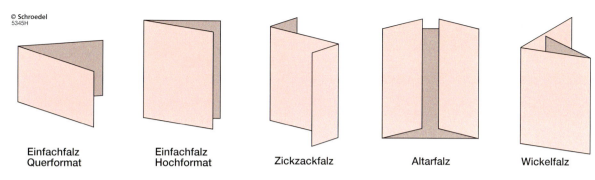

M2 *Falttechniken für einen Werbeprospekt*

Ein Werbetexter gibt einige Tipps:
1. Die Titelseite: Sie muss Blickfangcharakter haben und den Leser neugierig auf den Inhalt machen.
2. Die Rückseite muss auch informativ und übersichtlich sein, da die meisten Leser den Prospekt umdrehen, bevor sie ihn aufschlagen. Hier erscheinen die Kontaktdaten, Literaturhinweise sowie Autoren des Flyers.
3. Der Innenteil sollte ein durchgängiges Layout besitzen, damit die Übersichtlichkeit des Inhaltes gewährleistet wird. Überschriften, Kurztexte und Bilder werden möglichst an gleicher Stelle auf den Seiten platziert. Man sollte nie mehr als drei Schriftgrößen nutzen.
4. Bildunterschriften sind wichtig, da sie oft zuerst gelesen werden und Zusatzinformationen enthalten.
5. Die Farben können kräftig und kontrastreich sein, damit der Flyer auffällt und neugierig macht.
6. Besonders kostensparend ist der Druck im DIN-Format. Abschließend sollte eine geeignete Falzvariante gewählt werden.

M3 *Grundregeln zur Gestaltung eines guten Werbeprospekts*

M4 *Erstellen eines Werbeprospekts*

- http://de.wikipedia.org/wiki/Nationalparks_in_den_Vereinigten_Staaten
- www.nps.gov/index.htm
- www.americanet.de/html/liste_der_nationalparks.html
- http://de.discoveramerica.com
- www.nationalparks.org

M5 *Auswahl an Internetlinks zu den Nationalparks der USA*

METHODE

❶ Werbeprospekte werden in verschiedenen Bereichen zur Informationsvermittlung genutzt. Beschreibe Merkmale und Aufgaben von Werbeprospekten (M1–M3).

❷ Das Anfertigen von Werbeprospekten erfolgt unter Beachtung verschiedener Kriterien.
a) Erkläre verschiedene Grundregeln, die beim Erstellen eines Werbeprospekts beachtet werden sollten (M3).
b) Benenne mögliche Informationsquellen, die zur Materialsammlung für das Anfertigen von Werbeprospekten hilfreich sein können.
c) Fertige unter Beachtung der entsprechenden Schrittfolge einen Werbeprospekt zu einem Nationalpark der USA an (M1–M5, S. 88–91, Atlas, Internet, Lexika).
d) Präsentiere deinen Werbeprospekt in der Klasse.

❸ Auch in der Schule liegen oft Werbeprospekte aus. Überprüfe an einem ausgewählten Prospekt, ob und wie die Grundregeln zur Gestaltung umgesetzt sind (M3).

Projekt: Nationalparks in den USA

Wahlpflicht 3

Die Kulturpflanze Kaffee

Methode: Erstellen einer Film- oder Radio-Reportage

Eine Reportage ist eine Form der Berichterstattung, in der der Autor nicht aus dem Studio heraus, sondern direkt vor Ort berichtet.

Stell dir vor, du stehst im Eiscafé und hast die Wahl zwischen herkömmlichem Kaffee oder Kaffee aus **Fair-Trade**-Anbau.

Fair Trade – was ist das?

Erstellt in Gruppenarbeit mithilfe der Materialien der folgenden Doppelseiten eine Reportage zu fair gehandeltem Kaffee. Wählt dabei aus, ob ihr über den Kaffeeanbau, -handel und Verkauf in herkömmlicher Form oder unter dem Aspekt des Fair Trade berichten wollt. Geht dabei auf die weltweiten Handelsströme, den Wert des Gutes Kaffee, Verkauf und Preise ein. Informiert euch dazu über herkömmlichen Handel und über Fair-Trade-Handel (z. B. Bio- oder Eine-Welt-Läden).

Eine Reportage sollte informativ, aber auch unterhaltsam sein. Arbeitet dafür in Kleingruppen.

Fünf Schritte für eine Reportage

1. Legt zuerst das genaue Thema fest und schafft Rahmenbedingungen (Gliederung, Informationen, Länge der Reportage, Technikeinsatz).

2. Sammelt Material: Quellen (Fachliteratur, Internet), Interviews, Befragungen, Bilder, Filmaufnahmen.

3. Findet einen gelungenen Einstieg, der das Interesse der Zuhörer/Zuschauer weckt.

4. Erstellt leicht verständliche, aber auch fachlich richtige Beiträge, die der Zuhörer/Zuschauer auch ohne Vorwissen verstehen kann.
   Beurteilt eure Ergebnisse.

5. Stellt die Abschnitte der Reportage zusammen und wählt einen Sprecher aus. Nun muss die Reportage noch auf die festgelegte Länge geschnitten werden.

M1 *Kaffee ist ein beliebtes Pausengetränk*

Regieanweisung: Kaffeeautomat – Mahlen der Bohnen – Kaffee – Milch aufschäumen (Geräusche)
Sprecher: **Ein besonderes Hobby**
Rafael Lozano hat ein ungewöhnlichen Hobby. Sein Ziel ist es, alle Filialen der Kaffeehauskette Starbucks zu besuchen. Lozano ist somit auch ein Beispiel für die fortschreitende Globalisierung und gleichzeitig ihr Opfer. Bislang hat er 9600 Läden in 19 Ländern besucht. Manche von den Filialen werden geschlossen, bevor Lozano sie besuchen kann, oder es kommen neue, in teilweise entlegenen Teilen der Welt dazu.
Starbucks wurde 1971 in Seattle gegründet. Schon bald wurden weitere Filialen in den USA eröffnet. 1996 wagte man der Sprung ins Ausland. Im Jahr 2009 konnte man in den Cafés dieser Kette in über 40 Ländern der Welt verschiedenste Kaffeeprodukte kaufen, die überall gleich schmecken und in ähnlich aussehenden Geschäften verkauft werden.
Wie bedeutend der Handel mit der Kaffeebohne geworden ist, erkennt man daran, dass das börsennotierte Unternehmen 2013 einen Umsatz von über 3,6 Mrd. Dollar machte.

M2 *Gestaltungsvorschlag*

M3 *Der Kaffeestrauch mit Früchten*

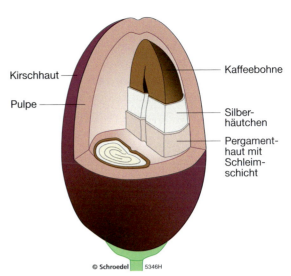

M5 *Schnitt durch eine Kaffeekirsche*

Die Kaffeepflanze

„Nach einem guten Kaffee vergibt man sogar seinen Eltern." (Oskar Wilde, 1854–1900, irischer Lyriker, Dramatiker und Schriftsteller)

Wer hätte das gedacht – Kaffee wächst auf Bäumen. Die mehrere Meter hoch werdenden, fast strauchartig anmutenden, mehrstämmigen Bäume gedeihen vor allem in den regenreichen (>1000mm N/a) höheren Lagen der tropischen und subtropischen (T>17°C, kein Frost!) Regionen Afrikas, Lateinamerikas und Asiens. Die Pflanzen sind immergrün und bilden weiße, buschige Blüten aus. Die sich daraus bildenden Früchte sind fleischig und rot. In ihnen sind zwei Samen enthalten, die von einem Silberhäutchen geschützt werden – der Ursprung der eigentlichen Kaffeebohne.

Kaffee wird oft auf Plantagen als unterste Etage im Stockwerkbau angepflanzt. So bleibt die junge Pflanze vor zu starker Sonneneinstrahlung und Wind geschützt. Die erste Ernte ist nach mehreren Jahren möglich. Dann kann aber, da alle Reifestadien der Früchte an einer Pflanze parallel auftreten, mehrfach im Jahr geerntet werden. Das Mindestalter der Pflanzen liegt bei ca. 20 Jahren. Beliebt in den Abnehmerländern ist vor allem der Kaffee der aromatischen Arabica-Bohne.

M4 *Wachstumsbedingungen für die Kaffeepflanze*

INFO

Herkunft des Kaffees

Die belebende Wirkung des Kaffees entdeckten Viehhirten aus der heutigen Provinz Kaffa, die im Südwesten Äthiopiens liegt. Sie bemerkten, dass ihre Ziegen nach dem Fressen von roten Früchten eines bestimmten Strauches immer auffallend munter waren. Mönche bereiteten einen Trank und stellten erstaunt die gleiche Wirkung am eigenen Leibe fest. Im 13. und 14. Jahrhundert brachten Sklavenhändler die Kaffeebohnen nach Arabien und in den Vorderen Orient. Erst im 17. Jahrhundert gelangte Kaffee nach Europa. 1777 verbot der Preußenkönig Friedrich der Große „das Gebräu des Satans". Wir wissen heute, dass der in den Kaffeebohnen enthaltene Wirkstoff Koffein die Belebung verursacht. Jede Bohne enthält etwa 0,8–2,5 % Koffein.

M6 *In Deutschland werden pro Kopf jährlich rund 150l Kaffee getrunken*

Projekt: Die Kulturpflanze Kaffee

Kaffeehandel

Kaffee ist nach Erdöl das zweitwichtigste Handelsgut der Erde. Zumeist wird die Pflanze in Plantagenwirtschaft angebaut. Das bringt Vor-, aber auch Nachteile mit sich: Zum einen kann die Pflege der Pflanzen mechanisiert werden, was die Bewirtschaftung äußerst effektiv macht. Nur die Ernte der Kaffeekirschen verläuft noch in Handarbeit. Zum anderen werden durch die Monokultur die Böden nur einseitig beansprucht, auch die Gefahr von Schädlingsbefall ist groß.

Nach der Ernte müssen die Samen der Kaffeekirsche vom Fruchtfleisch getrennt und geschält werden. Der Rohkaffee – die eigentlichen Kaffeebohnen – ist nun für den Export bereit.
Die Weiterverarbeitung – das Rösten und Mischen der verschiedenen Sorten – erfolgt in den Verbraucherländern. Somit erzielen die Kaffeebauern allein aus dem Anbau und der Ernte ihre Gewinne. Kommt es zu Missernten, sind die Folgen für sie fatal.

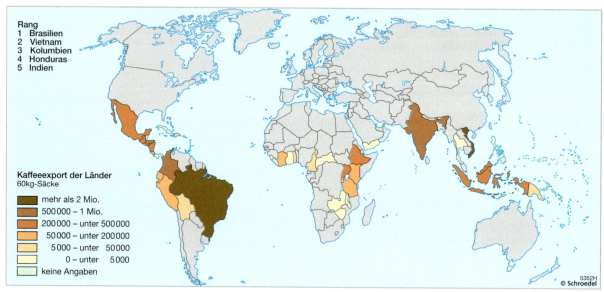

M1 *Rohkaffee-Export nach Produktionsländern 2013*

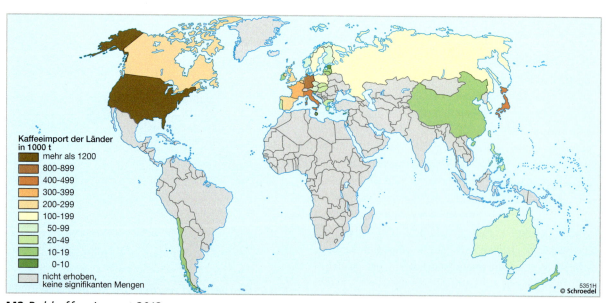

M2 *Rohkaffee-Import 2013*

Projekt: Die Kulturpflanze Kaffee

M3 „Wege" des Kaffees: Ernte der Kaffeekirschen, Auslegen der Bohnen zum Trocknen, Rösten zur Aromaentwicklung, Mahlen der Kaffeebohnen

Projekt: Die Kulturpflanze Kaffee

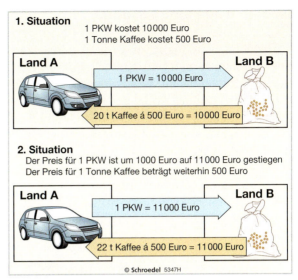

M4 *Terms of trade* (Maßzahl für das Austauschverhältnis zwischen exportierten und importierten Gütern)

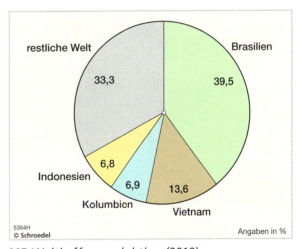

M5 *Weltkaffeeproduktion (2010)*

M6 *Was trinken die Deutschen? (2012)*

Ist Fair Trade eine Lösung?

Kaffeeanbau wird meist von Großgrundbesitzern oder Großkonzernen betrieben. Auf deren Plantagen sind schlecht bezahlte Landarbeiter angestellt. Aber auch der Anteil der Kaffee anbauenden Kleinbauern ist noch sehr hoch. Allerdings erhalten sie für ihre Kaffeebohnen nur einen Bruchteil der Ladenpreise und haben unter Ernteausfällen oder Preisschwankungen auf dem Weltmarkt zu leiden.

Um dieser Tendenz entgegenzuwirken, setzen sich Organisationen wie „Fairtrade" für sie ein. Ihr Ziel ist es, Produkte wie Kaffee zu fairen Preisen zu handeln, um für die Kaffee-Bauern ein gesichertes, höheres Einkommen zu gewährleisten. Dafür wurde der Fair-Trade-Preis für bestimmte Produkte festgelegt. Er entspricht einem Mindestpreis. Liegt der Weltmarktpreis über diesem Wert, muss den Bauern der höhere Wert gezahlt werden. Die Fair-Trade-Prämie entspricht einer Sonderzahlung, die nicht nur den einzelnen Bauern, sondern der ganzen Dorfgemeinschaft in Form von Entwicklungsprojekten zugutekommt.

M1 *Fair-Trade-Produkte*

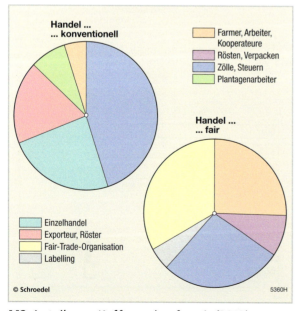

M2 *Anteile am Kaffeeverkaufspreis (2013)*

```
www.transfair.org
www.fairtrade-deutschland.de
www.kaffeeverband.de/kaffeewissen/nachhaltigkeit/fair-trade-a-transfair
de.wikipedia.org/wiki/Transfair
www.gepa.de
www.fao.org
```

M3 *Internet*

Fair-Trade-Preis	1,40 US-$/Pfund	Mindestpreis oder alternativ aktueller Weltmarktpreis
Bioaufschlag	+ 0,30 US-$/Pfund	für höhere Kosten der Bioproduktion, Anreiz für eine Produktionsumstellung
Fair-Trade-Prämie	+ 0,30 US-$/Pfund	für Sozial- und Entwicklungsprojekte für die gesamte Gemeinde

M4 *Fair-Trade-Preise*

Projekt: Die Kulturpflanze Kaffee

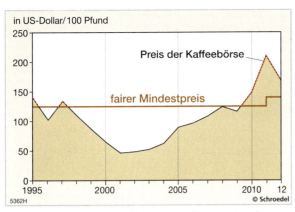

M5 Weltmarkt- und „faire" Mindestpreise für Arabica-Kaffee

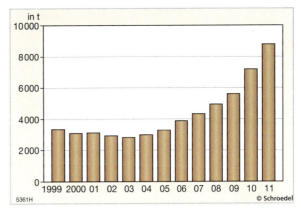

M7 Absatzentwicklung von Fair-Trade-Kaffee in Deutschland (in t)

Fair-Trade-Standards für Kaffee – *Spielregeln für den fairen Kaffeehandel*

Die starken Preisschwankungen der vergangenen Jahre auf dem Weltmarkt manifestieren sich vor allem in den Problemen der Bauernfamilien, die sich nicht auf einen stabilen Preis verlassen können.

Die soziale Lage der kleinbäuerlichen Kaffeeproduzenten (…) ist schon seit vielen Jahren Gegenstand des fairen Handels. Kaffeebauernfamilien erhalten auf dem konventionellen Markt oft weniger als die jeweilige Börsennotierung für Rohkaffee, da sie den Kaffee meist an Zwischenhändler zu miserablen Preisen verkaufen müssen. Den Kleinbauern und -bäuerinnen fehlt es vor allem an Mitsprache auf dem Weltmarkt und an notwendigen Marktinformationen (…), um gegebenenfalls ihre Kaffeeproduktion nach Veränderungen ausrichten zu können.

Fair-Trade-Standards für Kaffee stärken gezielt Kleinbauernfamilien. Sie geben den Produzenten neue Sicherheit. Die Bauern und Bäuerinnen können sich auf einen festen Mindestpreis und auf eine Prämie verlassen.

Die Fair-Trade-Standards für Kaffee stehen unter anderem:
- für Kleinbauern, die sich zu Kooperationen oder Organisationen zusammengeschlossen haben. Sie können ihren Kaffee zu Fair-Trade-Preisen verkaufen.
- für politisch unabhängige Organisationen, die eine demokratische Struktur aufweisen und in der jeder Bauer und jede Bäuerin das gleiche Stimmrecht haben.
- für Produzentenkooperationen, die einen festen Mindestpreis erhalten. Wenn der Weltmarktpreis über dem Fair-Trade-Preis liegt, bekommen die Bauern den höheren Preis ausbezahlt.
- für Bauern, die außerdem eine Fair-Trade-Prämie erhalten, die an die Kooperative ausgezahlt wird. Mindestens fünf Cent pro Pfund Kaffee müssen dabei für Projekte zur Steigerung von Produktivität und Qualität verwendet werden. Die restlichen Einnahmen durch die Prämie müssen für soziale oder ökonomische Investitionen, die der Gemeinschaft zugutekommen, verwendet werden.
- für Umweltstandards, die den Einsatz von Agro-Chemikalien begrenzen und die Bauern bei einer nachhaltigen Produktion unterstützen.
- für Produzenten, die auf Wunsch eine Vorfinanzierung der Ernte von 60 Prozent des Vertragspreises erhalten.
- für ein Verbot von Zwangsarbeit und ausbeuterischer Kinderarbeit.

(Quelle: Fairtrade Deutschland. 2014. in: www.fairtrade-deutschland. de/produzenten/kaffee/fairtrade-standards/)

M6 *Fair gehandelter Kaffee*

Projekt: Die Kulturpflanze Kaffee

Flagge	Staat (Hauptstadt)	Einwohner in Mio. (2014)	Fläche in 1000 km² (2014)	Bevölkerungs- dichte in Einw./km² (2014)	Lebens- erwartung in Jahren (2014)	Bevölkerung unter 15 Jah- ren in % (2012)
	Argentinien (Buenos Aires)	43,0	2 780	15	77	24,4
	Bolivien (Sucre)	10,6	1 098	9	68	35,2
	Brasilien (Brasília)	202,6	8 547	23	73	24,6
	Chile (Santiago)	17,3	756	22	78	21,4
	Costa Rica (San José)	4,7	51	92	78	23,9
	Dom. Republik (S. Domingo)	10,3	48	214	77	30,5
	Ecuador (Quito)	15,6	256	61	78	30,3
	El Salvador (San Salvador)	6,1	21	290	74	30,6
	Guatemala (G.-Stadt)	14,6	109	134	71	40,8
	Guyana (Georgetown)	0,7	215	3	67	27,8
	Haiti (Port-au-Prince)	9,9	27	366	63	35,4
	Honduras (Tegucigalpa)	8,5	112	76	70	35,7
	Kanada (Ottawa)	34,8	9 984	3	81	16,4
	Kolumbien (Bogotá)	46,2	1 141	40	75	28,0
	Kuba (Havanna)	11,0	110	100	78	16,6
	Mexiko (Mexiko-Stadt)	120,3	1 953	61	75	29,9
	Nicaragua (Managua)	5,8	120	48	72	33,4
	Panamá (Panamá-Stadt)	3,6	75	48	78	28,6
	Paraguay (Asunción)	6,7	406	16	76	32,8
	Peru (Lima)	30,1	1 285	23	73	29,2
	Suriname (Paramaribo)	0,5	163	3	71	27,8
	Uruguay (Montevideo)	3,3	176	18	76	22,0
	USA (Washing- ton D.C.)	318,9	9 809	32	79	19,6
	Venezuela (Caracas)	28,8	912	31	74	28,8

Länderdaten Amerika

Pro-Kopf-Einkommen in US-Dollar (2012)	Erwerbstätigkeit in % (2010/2011)			Städtische Bevölkerung in % (2012)	Zugang zu Trinkwasser in % (2010)	CO_2-Emission pro Kopf in t (2012)
	Landwirtschaft	Industrie	Dienstleistung			
9740	43,0	23,8	74,4	92,6	97	4,5
2200	32,1	20,0	47,9	67,2	88	1,5
11630	15,3	21,9	62,7	84,9	98	2,2
14280	10,6	23,0	66,4	89,3	96	4,2
8740	14,1	19,8	65,8	65,1	97	1,7
5470	12,0	14,9	52,4	70,2	86	2,1
5190	28,2	18,6	53,1	68,0	94	2,2
3580	20,8	21,4	57,8	65,2	88	1,0
3120	38	14	48	50,2	92	0,8
3410	1,4	15,1	68,9	28,5	94	2,2
760	38,1	11,5	50,4	54,6	69	0,2
2070	26,0	19,5	44,2	52,7	87	1,1
50970	k.A.	k.A.	k.A.	80,8	100	14,7
6990	18,0	20,0	62,0	75,6	92	1,6
5440	18,5	17,0	64,5	75,2	94	3,4
9740	13,1	25,5	60,6	78,4	96	3,8
1650	32,2	16,5	51,2	57,9	85	0,8
9910	17,0	18,6	64,4	75,8	93	2,6
3290	26,4	17,1	56,3	62,4	86	0,8
5880	1,3	23,7	75,0	77,6	85	2,0
8480	k.A.	k.A.	k.A.	70,1	92	4,5
13510	10,7	21,1	68,1	92,6	100	2,0
50120	1,6	16,7	81,2	82,8	99	17,6
12470	8,0	21,8	69,9	93,7	93	6,9

Werte zum Teil gerundet
Quellen: Fischer Weltalmanach 2014, The World Bank 2014, Central Intelligence Agency 2014

Länderdaten Amerika

Land / Monat		J	F	M	A	M	J	J	A	S	O	N	D	Jahr
Acapulco (Mexiko)	°C	26,4	26,4	26,4	27,1	28,2	28,4	28,5	28,4	28,0	28,0	27,5	26,8	27,5
3 m ü. M.	mm	9	1	2	5	28	271	209	312	341	145	50	14	1387
Antofagasta (Chile)	°C	20,0	19,9	18,7	16,8	15,2	14,0	13,4	13,7	14,3	15,5	16,9	18,7	16,4
120 m ü. M.	mm	0	0	0	0	0	0	0	1	1	0	0	0	2
Barrow [Alaska] (USA)	°C	-25,2	-27,7	-26,2	-19,0	-7,1	1,1	4,1	3,3	-0,8	-10,3	-18,7	-24,0	-12,5
9 m ü. M.	mm	4	4	4	5	4	7	24	24	15	11	6	4	114
Boston (USA)	°C	-1,9	-0,9	3,7	8,9	14,6	19,8	23,1	22,2	18,2	12,7	7,4	0,9	10,7
4 m ü. M.	mm	91	92	94	91	83	79	72	82	78	84	107	102	1055
Campina Grande	°C	23,9	25,0	24,7	24,5	23,3	22,3	20,1	21,7	21,7	23,6	24,2	24,6	23,3
548 m ü. M. (Brasilien)	mm	41	55	100	129	95	107	124	58	38	17	19	21	803
Chiclayo (Peru)	°C	23,4	24,3	24,3	22,8	21,1	19,9	18,8	18,4	18,3	18,8	19,7	21,8	21,0
34 m ü. M.	mm	6	5	18	8	5	1	0	0	1	3	3	5	55
Concepcíon (Chile)	°C	16,3	15,7	13,9	12,0	10,8	9,2	8,8	9,1	9,7	11,5	13,5	15,5	12,2
16 m ü. M.	mm	21	15	25	56	178	218	222	153	88	65	41	28	1110
Cuiabá (Brasilien)	°C	26,7	25,3	26,5	26,1	24,6	23,5	22,0	24,7	26,6	27,4	27,2	26,6	25,6
151 m ü. M.	mm	210	199	171	123	54	16	10	11	58	115	154	194	1315
Des Moines (USA)	°C	-7,0	-4,1	2,9	10,5	16,8	22,1	24,8	23,3	18,4	11,9	3,9	-4,2	9,9
286 m ü. M.	mm	24	28	59	85	93	113	96	107	90	67	46	34	841
Miami (USA)	°C	19,6	20,3	22,1	24,0	25,9	27,4	28,1	28,2	27,7	25,7	23,1	20,6	24,4
4 m ü. M.	mm	34	60	68	72	23	1	6	2	2	4	19	22	312
Piarco (Trinidad u. T.)	°C	24,8	25,0	25,7	26,5	26,9	26,4	26,2	26,4	26,5	26,4	25,9	25,2	26,0
15 m ü. M.	mm	71	43	34	51	117	252	266	250	203	199	228	156	1870
Rio de Janeiro	°C	26,2	26,5	26,0	24,5	23,0	21,5	21,3	21,8	21,8	22,8	24,2	25,2	23,7
5 m ü. M. (Brasilien)	mm	114	105	103	137	86	80	56	51	87	88	96	169	1173
San Diego (USA)	°C	14,1	14,8	15,3	16,7	17,8	19,3	21,7	22,6	21,9	19,8	16,7	14,1	17,9
9 m ü. M.	mm	46	39	45	20	5	2	1	3	6	9	37	40	252
San Fernando	°C	26,5	27,4	28,6	28,7	27,2	25,9	25,7	26,1	26,6	27,1	26,9	26,5	26,9
47 m ü. M. (Venezuela)	mm	1	4	6	72	167	243	276	255	173	99	44	10	1350
San José (Costa Rica)	°C	19,2	19,5	20,2	20,8	21,1	20,9	20,6	20,6	20,6	20,3	19,8	19,4	20,3
1172 m ü. M.	mm	10	11	12	48	213	295	221	235	349	326	130	40	1890
Saskatoon (Kanada)	°C	-17,5	-13,9	-7,0	3,9	11,5	16,2	18,6	17,4	11,2	4,8	-6,0	-14,7	2,0
501 m ü. M.	mm	0	1	2	8	25	71	118	131	60	10	2	1	431
Ushuaia (Argentinien)	°C	9,6	9,3	7,7	5,7	3,2	1,7	1,3	2,2	4,1	6,2	7,8	9,1	5,8
14 m ü. M.	mm	39	45	52	56	53	48	36	45	42	35	35	43	530

Klimatabellen Amerika

Methoden zur Klimadatenauswertung

✏️ Klimadiagramme auswerten (aus Klasse 6)

Um dich z. B. auf eine Reise vorzubereiten, solltest du das Klima kennen.

1. Wo befindet sich die Klimastation?
   (Höhe über dem Meeresspiegel, Lage zum Meer, Staat)
2. Welche Temperatur herrscht dort?
   (Jahresdurchschnittstemperatur, Jahrestemperaturverlauf, Jahrestemperaturschwankung, maximale und minimale Monatsdurchschnittstemperatur)
3. Wie hoch ist der Niederschlag?
   (Jahresniederschlagssumme, Jahresniederschlagsverteilung, trockene und feuchte Monate)
4. Welche Schlussfolgerungen können gezogen werden?
   (Ursachen für Temperatur- und Niederschlagswerte, Auswirkungen auf die Vegetation, Einordnen in Klima- und Vegetationszone)

✏️ Klimadiagramme digital erstellen

Klimadaten sind in Diagrammform anschaulicher, schneller erfassbar und leichter vergleichbar. Das Zeichnen von Klimadiagrammen per Hand ist aufwendig. Mithilfe des Computers lassen sich heute Klimatabellen viel leichter grafisch umsetzen. Neben Tabellenkalkulationsprogrammen gibt es auch spezielle Software, wie z. B. den Diercke Klimagraph.

1. Gib die folgende Adresse in deinen Web-Browser ein: http://www.diercke.de/unterricht/klimagraph.xtp
2. Verwendest du den Diercke-Weltatlas, findest du in der ersten Umschlagseite deinen persönlichen Online-Schlüssel, mit dem du dich kostenfrei im System anmelden kannst.
3. Gib die Daten aus der Klimatabelle ein (Ort, Höhe über dem Meeresspiegel, Monatsmitteltemperaturen, Monatsniederschläge). Die Jahresdurchschnittstemperatur sowie der Jahresniederschlag werden automatisch berechnet.
4. Kontrolliere deine Eingaben.
5. Das Ergebnis kannst du speichern. Es wird im JPG-Format abgelegt und kann so z. B. in ein Textverarbeitungsdokument, eine Präsentationssoftware oder ein Bildbearbeitungsprogramm eingefügt werden.

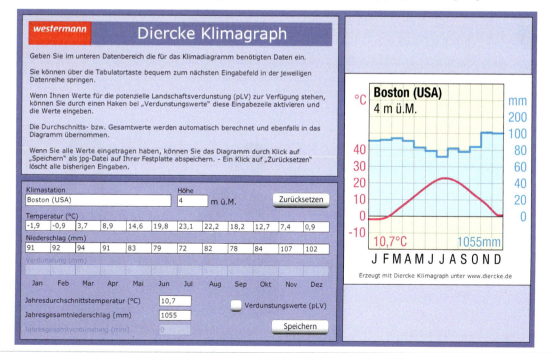

Ausgewählte Arbeitsmethoden – kurz und knapp

Lebendiges Profil (S. 18–19)

Um ein Profil „lebendiger" zu gestalten und so einen besseren Überblick über eine Region zu erlangen, kannst du der Profillinie Aussagen zu Klima, Vegetation, Relief oder beispielsweise zu Wirtschaftsräumen zuordnen.
So gehst du dabei vor:

1. Sieh dir das Profil genau an und lies die zugehörigen Aussagen bzw. sammle weitere Informationen.
2. Ordne jeder Aussage einen passenden Abschnitt auf der Profillinie zu. Dahinter notierst du die Begründung für deine Zuordnung. Das ist wichtig, denn vielleicht sortieren nicht alle deine Mitschüler die Aussagen genauso ein wie du.
3. Diskutiert in einer Abschlussbesprechung mit der ganzen Klasse über eure Zuordnungen.

Auswertung von Statistiken (S. 28–29)

Auf diese Weise untersuchst du eine Statistik:

1. Darstellung von Sachverhalten:
   Welche Zeiträume, Bevölkerungsgruppen, Länderangaben o. ä. sind dargestellt?
2. Statistikform überprüfen:
   Weist die Darstellung Ungenauigkeiten auf (Nullpunkt der y-Achse in Diagrammen, Abmessungen und Eingrenzungen der Werte)?
   Wurden besondere Darstellungsmittel (Farben, Linienstärken o. ä.) verwendet?
3. Grundaussagen formulieren:
   Gib die Inhalte der Statistik mit eigenen Worten wieder. Bleiben dabei Fragen offen?
4. Sinn und Vergleichbarkeit der Darstellung:
   Wurden die Daten sinnvoll ausgewählt, dargestellt und sind sie vergleichbar?
   Ist eine zuverlässige Quellenangabe vorhanden?

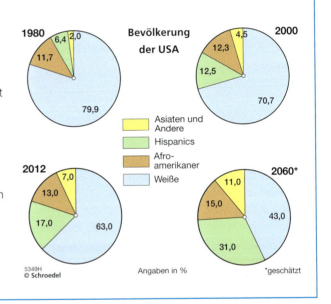

Ein Referat halten (S. 83)

Um ein Referat vorzubereiten, beachte Folgendes:

1. Auswählen des Themas:
   Festlegen des Themas, Gliederung erstellen
2. Sammeln von Material:
   Materialrecherche im Internet, in Fachliteratur, im Atlas etc. unter Beachtung des Themas und der Gliederung des Referats
3. Vorbereiten der Präsentation:
   Sortieren des Materials entsprechend der Gliederung des Vortrags, Anfertigen von Folien u. ä. zur Veranschaulichung der Inhalte, Erstellen eines Handouts, Anfertigen von Stichpunktzetteln
4. Halten des Referats (Präsentation)

Anfertigen eines Werbeprospekts (S. 92–93)

So erstellst du einen Werbeprospekt:
1. Vorüberlegungen/Überblick verschaffen
   Klären, für welche Zielgruppe und welchen Anlass der Werbeprospekt bestimmt ist,
   Wählen eines Formats für den Werbeprospekt,
   Festlegen des Themas des Werbeprospekts,
   Überblick zu Materialien/Informationen der Themenseiten im Lehrbuch verschaffen
2. Erarbeiten der Inhalte des Werbeprospekts
   Zusammenstellen wichtiger Informationen zum Thema: Bildmaterial, Grafiken ...
3. Anfertigen des Werbeprospekts
   Anordnen des zusammengestellten Materials unter Berücksichtigung der Grundregeln zur Gestaltung von Werbeprospekten

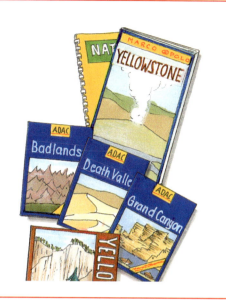

Erstellen einer Film- oder Radio-Reportage (S. 94)

So entwickelst du eine Reportage:
1. Thema, Umfang und Technik festlegen
2. Material sammeln: Quellen (Fachliteratur, Internet), Interviews, Befragungen, Bilder, Filmaufnahmen
3. Findet einen gelungenen Einstieg, der das Interesse der Zuhörer/Zuschauer weckt.
4. Erstellt leicht verständliche, aber auch fachlich richtige Beiträge. Beurteilt Eure Ergebnisse.
5. Stellt die Abschnitte der Reportage zusammen und wählt einen Sprecher aus. Nun muss die Reportage noch auf die festgelegte Länge geschnitten werden.

Bevölkerungsdiagramme auswerten (aus Klasse 8)

Folgenden Ablauf solltest du beachten:
1. Beschreibe die Form des Diagramms (z.B. Pyramide ...)
2. Sind Abweichungen von der Idealform erkennbar? Gibt es „starke" oder „schwache" Altersgruppen, Unterschiede bei Männern und Frauen, Einschnitte?
3. Finde Ursachen für die Altersstruktur.
4. Schließe aus der Bevölkerungsentwicklung bis zur Gegenwart auf die zukünftige Entwicklung.
5. Kennzeichne Probleme der Altersstrukturentwicklung.

Kartographische Skizzen anfertigen (aus Klasse 8)

Folgenden Ablauf solltest du beachten:
1. Untersuche anhand einer Atlaskarte die Umrisse des Gebietes auf einprägsame Formen.
2. Zeichne die Umrisse stark vereinfacht und freihändig auf dein Arbeitsblatt.
3. Trage mit unterschiedlichen Farben und Formen die geographischen Inhalte ein.
4. Beschrifte die eingezeichneten Objekte, finde eine Überschrift und lege eine Legende an.

✏️ Orientierung im Gradnetz (aus Klasse 7)

Um sich auf der Erde zu orientieren, wird das Gradnetz genutzt. Im Gradnetz wurden verschiedene Hilfslinien festgelegt: die Längenkreise und die Breitenkreise. Ein halber Längenkreis heißt Meridian.

Die Gradangaben für die Länge stehen am oberen und/oder unteren Rand einer Karte und oft am Äquator. Die Breitenangaben befinden sich am linken und/oder rechten Kartenrand.

Die Angabe der Lage erfolgt in:
1. Längengradzahl;
2. östlich/westlich des Nullmeridians;
3. Breitengradzahl;
4. nördlich/südlich des Äquators.

Ein Beispiel hierfür ist 21° N / 20° W.
Gesprochen: 21 Grad nördliche Breite (Nord) und 20 Grad westliche Länge (West).

✏️ Zeichnen eines Profiles (aus Klasse 7)

So zeichnest du ein Profil:
1. Durch welchen Raum soll die Profilstrecke laufen?
2. Lege ein kariertes, gefaltetes Blatt an die Profilstrecke und übertrage die Profilstrecke und deren Endpunkte.
3. Markiere die Schnittpunkte der einzelnen Höhenlinien (mit Höhenangabe) auf der Faltkante deines Blattes.
4. Errichte über den Endpunkten zwei Senkrechten. Trage auf ihnen den Höhenmaßstab ab.
5. Markiere für die Schnittpunkte die Höhe auf deinem Blatt. Verbinde die Höhenpunkte zu einer Linie.
6. Beschrifte das Profil.

✏️ Wirkungsgefüge erstellen (aus Klasse 7)

In fünf Schritten zum Wirkungsgefüge.
1. Lies den Text und unterstreiche wichtige Aussagen.
2. Notiere die Aussagen in Kurzform auf einem Zettel.
3. Ordne die Zettel in einer logischen Abfolge. Gibt es mehrere Ursachen für eine Wirkung?
4. Schreibe die Stichwörter auf und verbinde die Aussagen mit Pfeilen.
5. Präsentiere dein Wirkungsgefüge der Klasse.

✏️ Satellitenbilder beschreiben und auswerten (aus Klasse 6)

Satellitenbilder müssen intensiv bearbeitet werden.
1. Was weiß ich über Aufnahmegerät und -zeitpunkt? Wo liegt der aufgenommene Raum? Wo ist Norden auf meinem Satellitenbild?
2. Welche Flächen mit gleicher Farbe erkenne ich? Erkenne ich Muster, z. B. linienförmige Straßen?
3. Nutze den Atlas oder andere Nachschlagewerke, um weitere Merkmale im Satellitenbild zu schlussfolgern. Beschreibe Zusammenhänge.
4. Fertige, wenn notwendig, mithilfe des Satellitenbildes eine eigene Kartenskizze mit Legende an.

✏️ Tabellen auswerten (aus Klasse 5)

Schritt für Schritt: Daten überblicken, beschreiben und erklären.
1. Wie ist das Thema der Tabelle? (siehe Abbildungsunterschrift, Tabellenkopf)
2. Auf welchen Zeitraum beziehen sich die Aussagen? Lassen sich Entwicklungen ablesen?
3. Welches sind die Extremwerte? Wie ist die Verteilung der anderen Zahlen zwischen den Extremwerten?
4. Kann man die einzelnen Zahlen vergleichen? In welchem Verhältnis stehen die Werte zueinander?
5. Gibt es Zusammenhänge zwischen den Spalten?
6. Wie ist die Gesamtaussage der Tabelle?

Mit Karten und dem Atlas arbeiten (aus Klasse 5)

Im Atlas unterscheidet man physische und thematische Karten.

Physische Karten:
Zeigen vor allem die Lage von Orten, den Verlauf von Flüssen und Grenzen sowie Höhen und Tiefen der Oberflächenformen.

Thematische Karten:
Enthalten Angaben zu einem bestimmten Thema. Jede Karte hat bestimmte Signaturen und einen Maßstab.
(1 : 1 000 000 = 1 cm auf der Karte ≙ 1 000 000 cm in der Natur ≙ 10 km).

 Thematische Karten auswerten (aus Klasse 5)

Willst du eine Karte lesen, musst du folgende Fragen an sie stellen:
1. Wie ist das Thema der Karte? (Abbildungsunterschrift)
2. Welches Gebiet wird dargestellt?
3. Wie groß ist das dargestellte Gebiet? (Maßstab, Maßstabsleiste)
4. Was bedeuten die eingetragenen Signaturen? (Legende)
5. Wie ist der Karteninhalt? Sind die Signaturen über die Karte verstreut oder an einigen Punkten konzentriert?
6. Gibt es Zusammenhänge zwischen den Aussagen, die du bei der Beschreibung des Karteninhalts gemacht hast?

 Bilder beschreiben und auswerten (aus Klasse 5)

Folgende Fragen sollte man stellen:
1. Was? Wo? Wann?
   Welche/n Ort/Landschaft zeigt das Bild?
   Wo und wann wurde es aufgenommen?
   Wo liegt der Ort/die Landschaft? (Atlas)
2. Welche Einzelheiten kann man erkennen?
3. Was ist die wichtigste Aussage des Bildes?
4. Wie kann man das auf dem Bild Dargestellte erklären? Wenn du alle Einzelheiten im Zusammenhang betrachtest: Was kannst du über den abgebildeten Ort/die Landschaft sagen?

 Diagramme zeichnen und auswerten (aus Klasse 5)

Wir unterscheiden Säulendiagramme, Balkendiagramme und Liniendiagramme.

Diagramme lesen:
1. Zu welchem Thema werden Aussagen gemacht?
2. Wie sind die einzelnen Werte verteilt? (Extremwerte, Verteilung der anderen Werte)
3. Wie ist die Gesamtaussage des Diagramms?

Diagramme zeichnen – Beachte:
1. Zwei Achsen bilden ein Achsenkreuz, genau im rechten Winkel.
2. Die Achse, auf der die Werte eingetragen werden, sollte bei Null beginnen. Sie sollte über den höchsten Wert hinausreichen, damit man auch diesen Wert gut ablesen kann.
3. Bei Diagrammen, die eine Entwicklung aufzeigen, müssen die Abstände zwischen gleich langen Zeitabständen auch gleich groß sein.
4. Die Über- oder Unterschrift gibt das Thema eines Diagramms an.

Fachtexte themenbezogen auswerten (aus Klasse 5)

Texte wertest du in fünf Schritten aus:
1. Lies den Text aufmerksam durch. Schlage unbekannte Wörter nach.
2. Gliedere den Text und formuliere Zwischenüberschriften.
3. Schreibe aus jedem Abschnitt die wichtigsten Begriffe, die Schlüsselwörter, heraus.
4. Fasse den Text in vollständigen Sätzen zu einer Inhaltsangabe zusammen.
5. Überlege, welche Absichten der Verfasser dieses Textes verfolgt.

Methoden

Geo-Lexikon

Afroamerikaner (Seite 14)
Afroamerikaner sind Bürger der USA mit schwarzer Hautfarbe, deren Vorfahren aus Afrika südlich der Sahara stammen.

Agglomeration (Seite 44)
Agglomeration bezeichnet die räumliche Ballung oder Verdichtung, z.B. von Bevölkerung, Industrie und Verkehrseinrichtungen.

Agrarkolonisation (Seite 69)
Agrarkolonisation bedeutet die Erschließung eines Gebietes mit dem Ziel, es landwirtschaftlich zu nutzen.

Agrobusiness (Seite 38)
Agrobusiness ist eine Organisations- und Produktionsform in der Landwirtschaft, die der Industrie sehr ähnlich ist. Ein Kennzeichen von Unternehmen im Agrobusiness ist die Zusammenfassung aller Produktionsabläufe von der Herstellung über die Verarbeitung bis hin zur Vermarktung in einem Unternehmen.

Alexander von Humboldt (Seite 58)
Alexander von Humboldt war ein Naturforscher des 19. Jahrhunderts. Er begründete die Geographie als Wissenschaftsdisziplin. Humboldt unternahm Forschungsreisen durch Europa, Süd- und Nordamerika sowie Asien. Er interessierte sich unter anderem für Vulkane, Pflanzen, Ozeane, Vegetation, geologische Vorgänge, auch für Wirtschaft und Ethnologie.

Angloamerika (Seite 10)
Der überwiegend englisch sprechende Teil Nordamerikas wird als Angloamerika bezeichnet.

Azteken (Seite 55)
Die Azteken waren ein Indianervolk, das ab dem 13. Jahrhundert in Mittelamerika siedelte. Sie gründeten bedeutende Städte (um 1260 Tlatelolco, um 1325 die spätere Hauptstadt Tenochtitlán). Das Volk übernahm die Kultur der ansässigen Bevölkerung und entwickelte sie weiter, insbesondere bei der Herstellung von Schmuck und Mosaiken. Das aztekische Reich ging 1521 durch die Gefangennahme des letzten Herrschers, Cuanhtémoc, durch Hernán Cortes unter.

Blizzard (Seite 24)
Ein Blizzard ist ein Schneesturm in Nordamerika, der durch arktische Kaltlufteinbrüche verursacht wird.

Caldera (Seite 90)
Als Caldera bezeichnet man einen Kraterkessel, der durch einen Vulkanausbruch oder durch den Einsturz eines Vulkankegels entstanden ist.

Canyon (Seite 22)
Canyons sind tief eingeschnittene Täler. Sie befinden sich häufig in Gebieten, in denen harte und weiche Gesteinsschichten im Wechsel übereinander liegen. Wegen dieser Anordnung der Gesteinsschichten sind die Hänge oft wie „Treppen" ausgebildet. Der berühmteste Canyon ist der Grand Canyon in den USA, den der Fluss Colorado und seine Nebenflüsse geschaffen hat.

Central Business District (CBD) ((Seite 40)
CBD bezeichnet das Einzelhandels- und Dienstleistungszentrum in der Mitte nordamerikanischer Großstädte. Prägendes Kennzeichen des CBD ist der hohe Anteil der Tag- und der geringe Anteil der Nachtbevölkerung.

Coloradoplateau (Seite 22)
Das Coloradoplateau besteht aus mehreren Hochebenen und liegt im Südwesten der USA, 1 500 m über dem Meeresspiegel. Es wurde durch endogene Kräfte vor ca. zehn Millionen Jahren gehoben. Die Gesteinsschichten verschiedenen Alters und unterschiedlicher Zusammensetzung sowie die Art ihrer Entstehung sind zum Teil sehr gut sichtbar.

Dreieckshandel (Seite 52)
Dreieckshandel ist der Handel, der sich vom 16. bis zum 19. Jahrhundert zwischen den europäischen Staaten sowie ihren Kolonien in Afrika und Amerika entwickelte. Die Europäer tauschten in Afrika billige Waren (Stoffe, Waffen und Alkohol) gegen Sklaven ein und verschifften diese nach Amerika. Dort wurden sie als Arbeitssklaven verkauft und auf Plantagen oder in Bergwerken eingesetzt. Die abgebauten Bodenschätze sowie Nutzpflanzen und andere Rohstoffe wurden dann weiter nach Europa transportiert.

Edge City (Seite 41)
Eine Edge City ist ein Zentrum am Rande einer Großstadt, das alle Merkmale einer eigenständigen Stadt aufweist: Es gibt Arbeitsplätze, Wohnungen, Freizeit- und Einkaufsmöglichkeiten. Edge Cities werden in der Regel zum Arbeiten, nicht zum Wohnen aufgesucht.

Endogener Prozess (Seite 22)
Endogene Prozesse (oder Vorgänge) werden durch erdinnere Kräfte ausgelöst und können die Erdoberfläche verändern. Neben Magmabewegungen, Vulkanismus und Erdbeben zählen auch Krustenbewegungen und gebirgsbildende Vorgänge dazu.

Exogener Prozess (Seite 22)
Exogene Prozesse werden durch Kräfte hervorgerufen, die von außen auf die Erdoberfläche einwirken und auf der Wirkung der Schwerkraft sowie der aus der Sonnenstrahlung stammenden Energie beruhen. Dazu gehören Bodenbildung und Verwitterung, Massenbewegungen, die Arbeit der Flüsse und der Gletscher, der Meeresbrandung und des Windes.

Fair Trade (Seite 94)
Dt.: gerechter Handel. Gemeint ist damit ein Handel ohne benachteiligende Handelsbeschränkungen (Einfuhrbestimmungen, Quoten, Zölle und anderes) oder übervorteilende Preise.

Favela (Seite 73)
Eine Favela ist ein Elendsviertel am Rande von Großstädten in Brasilien.

Gentrifizierung (Seite 45)
Aufwertung innerstädtischer, meist zentrumsnaher Wohngebiete durch den Zuzug der Ober- und oberen Mittelschicht. Im Zuge der Stadtsanie-

rung steigen die Boden- und Mietpreise, wodurch die einkommensschwächere Bevölkerung verdrängt wird.

Großlandschaft (Seite 16)
Großlandschaften sind Räume, die sich durch einheitliche Oberflächenformen, Höhenlagen und Merkmalszusammenhängen der Geofaktoren auszeichnen. In Deutschland gibt es beispielsweise die drei Großlandschaften Tiefland, Mittelgebirge und Hochgebirge.

Hispanics (Seite 14)
Hispanics sind Bürger der USA, die spanischer oder spanisch-amerikanischer Herkunft sind. Als spanisch-amerikanisch werden die Gebiete Lateinamerikas verstanden.

Homestead Act (Seite 12)
Der Homestaed Act (dt.: Heimstättengesetz) war ein Bundesgesetz der USA von 1863. Es erlaubte Siedlern, kostenlos ein Stück unbesiedeltes Land mit festgelegter Größe zu bewirtschaften. Nach fünf Jahren Nutzung wurde es zum Eigentum. Das Gesetz wurde unter anderem erlassen, um die menschenleeren Gebiete des nordamerikanischen Westens zu besiedeln.

Hurrikan (Seite 26)
Ein Hurrikan ist ein heftiger, tropischer Wirbelsturm von großer Ausdehnung, der über warmem Wasser (> 27°C) entsteht. Seine Bahn verläuft wegen der Erdrotation zuerst westlich, dann zunehmend nördlich. Er richtet schwere Verwüstungen an.

Inka (Seite 55)
Das Wort ist eigentlich der Titel des in Cuzco regierenden Herrschers des Reiches. Die Bezeichnung wurde später auf den streng hierarchisch gegliederten Staat übertragen. Berühmt war das Reich in den Anden für den Ackerbau (bewässerte Terrassen), die Verwaltung sowie den Straßen- und Festungsbau in schwierigem Gelände. 1533 eroberte Francisco Pizarro das Inka-Reich, nahm den letzten Herrscher Atahualpa fest und ließ ihn trotz Zahlung eines hohen Lösegeldes hinrichten.

Inuit (Seite 82)
Die Inuit sind die Ureinwohner der arktischen Küstengebiete Grönlands und Nordamerikas. Sie lebten ursprünglich von der Jagd und vom Fischfang. Heute führen sie ein modernes Leben.

Kordilleren (Seite 17, 56)
Die Kordilleren sind eine Gebirgskette, die im Westen von Nord-amerika bis Südamerika reicht. Es ist das längste Faltengebirge der Welt auf dem Festland.

Landflucht (Seite 74)
Landflucht ist die Abwanderung der ländlichen Bevölkerung in die Städte. Gründe dafür sind zum Beispiel unzureichende Arbeits- und Verdienstmöglichkeiten und ungesicherte Besitzverhältnisse auf dem Land.

Lateinamerika (Seite 10, 50)
Lateinamerika ist ein Kulturraum, der Mittel- und Südamerika umfasst. Es dominieren die spanische und portugiesische Sprache. Die Kultur ist geprägt von der Vermischung indianischer und spanisch-portugiesischer Elemente.

Manufacturing Belt (Seite 34)
Der Manufacturing Belt ist ein Industriegebiet im Nordosten der USA zwischen dem Atlantik und dem oberen Mississippi. Hier begann im 19. Jahrhundert auf der Grundlage der Bodenschätze Kohle und Eisenerz die Industrialisierung der USA.

Maya (Seite 55)
Die Maya sind indianische Völker mit der gleichen (Maya-) Sprache. Die ehemals 18 Stämme siedelten hauptsächlich auf der Halbinsel Yucatan und ihre Blütezeit war im 9. und 10. Jahrhundert. Im 15. Jahrhundert entstanden zahlreiche kleinere Nachfolgestaaten, die zwischen 1528 und 1546 von den Spaniern unterworfen wurden. Berühmt sind die Maya für ihre astronomischen Kenntnisse. Sie berechneten den Umlauf der Venus so exakt, dass in 481 Jahren nur eine Ungenauigkeit von knapp zwei Stunden entstand.

Metropole (Seite 72)
Eine Metropole ist der politische und wirtschaftliche Mittelpunkt eines Landes mit vielfältigem Warenangebot, Dienstleistungen und zahlreichen kulturellen Einrichtungen wie Theatern und Opernhäusern. Sie ist häufig auch die Hauptstadt eines Staates.

Nachhaltigkeit (Seite 70)
Im Rahmen der Agenda 21 erklärten 178 Staaten Nachhaltigkeit zu einem wichtigen Ziel ihrer Entwicklung. Nachhaltig zu leben, bedeutet, dass man bei der Deckung seiner Bedürfnisse immer darauf achtet, dass keine Schäden entstehen, die zukünftigen Generationen das Leben auf unserem Planeten erschweren. Ein Projekt ist immer dann nachhaltig, wenn zukünftig keine Zerstörungen in der natürlichen Umwelt auftreten (Ökologie), sich die Lebensbedingungen der Menschen verbessern (Soziales) und trotzdem wirtschaftliche Gewinne (Ökonomie) erzielt werden.

Nationalpark (Seite 88)
Nationalparks sind große Gebiete mit besonders schönen oder seltenen Naturlandschaften. Es gelten Schutzbestimmungen, um die hier lebenden Tiere und Pflanzen in ihren Lebensräumen zu erhalten. Die Schutzbestimmungen sind in den verschiedenen Ländern und Staaten allerdings sehr unterschiedlich.

Native Americans (Seite 14)
Native Americans ist die englische Bezeichnung für alle Indianerstämme in Nordamerika nördlich von Mexiko.

Northers (Seite 24)
Arktische Kaltlufteinbrüche in Nordamerika, die weit nach Süden vordringen können und an der Golfküste und in Florida die Ernten gefährden.

Panamakanal (Seite 60)
Der Panamakanal ist ein Kanal in Panama, der den Atlantischen mit dem Pazifischen Ozean verbindet. Er ist eine wichtige Wasserstraße für den weltweiten Schiffsverkehr.

ANHANG

Geo-Lexikon

Paramo (Seite 58)
Landschafts- und Vegetationstyp der tropischen Hochanden. Der Paramo ist oberhalb der Baumgrenze, im Bereich der Nebel- und Wolkenstufe, an den Luvseiten der Gebirge (relativ hohe Feuchtigkeit, mindestens zehn humide Monate) anzutreffen. Der Vegetationstyp zeichnet sich durch Gräser und immergrüne Sträucher aus.

Puna (Seite 58)
Vegetationstyp tropischer Hochgebirge mit wechselfeuchtem Klima (Trockenzeit, fast tägliche Frostwechsel). Man unterscheidet in Feucht- und Trocken-Puna, deren typische Vertreter frostharte Gräser und Zwergsträucher sind.

Push-Faktoren (Seite 75)
Push-Faktoren sind auslösende Ursachen für die Wanderung von Menschen zwischen Räumen mit unterschiedlicher Attraktivität. Sie bewegen die Menschen zum Verlassen einer Region (z. B. Landflucht, schlechte Bildungsmöglichkeiten, hohe Arbeitslosigkeit).

Pull-Faktoren (Seite 75)
Pull-Faktoren sind auslösende Ursachen für die Wanderung von Menschen zwischen Räumen mit unterschiedlicher Attraktivität. Sie sind Anziehungskräfte des Zuwanderungsgebietes.

Schild (Seite 16)
Alter, nicht mehr faltbarer Abschnitt der Erdkruste.

Sedimentschicht (Seite 22)
Eine Sedimentschicht ist eine Gesteinsschicht, die aus Ablagerungen von z. B. Sand, Ton oder Kalk besteht.

Shopping Mall (Seite 41)
Eine Shopping Mall ist ein riesiges Gebäude, in dem viele Geschäfte, Restaurants und Freizeiteinrichtungen unter einem Dach versammelt sind. Sie sind meistens verkehrsgünstig am Rand einer Stadt gelegen.

Städteband (Seite 44)
Ein Städteband ist ein Gebiet, in dem zwischen benachbarten Städten keine Stadtgrenzen mehr zu erkennen sind. Es ist eine verstädterte Zone entlang einer Verkehrsstrasse.

Suburb (Seite 40)
Suburbs sind Vorstädte in der Außenzone nordamerikanischer Großstädte mit ausgedehnten Eigenheim-Vierteln, dichten Autobahnnetzen, Gewerbegebieten und Shopping Centern.

Suburbanisierung (Seite 42)
Unter diesem Begriff versteht man die Ausdehnung einer Stadt in ihr Umland. Verursacht wird dies durch die Stadtrandwanderung der Bevölkerung sowie von Wirtschaftsunternehmen (Industrie und Dienstleistungen).

Sunbelt (Seite 36)
Der Sunbelt (dt.: Sonnengürtel) bildet eine Zone im Süden und Westen der USA, in denen sich zukunftsträchtige Industrien wie Rüstungs-, Raumfahrt- und Computerindustrien angesiedelt haben. Der Sunbelt entwickelte sich in den 1970er-Jahren.

Tertiärisierung (Seite 32)
Zunehmende Tendenz der Verlagerung von Arbeitsplätzen in den tertiären Sektor (Dienstleistungssektor).

Terms of Trade (Seite 97)
Verhältnis zwischen Exportpreisen und Importpreisen. Das Verhältnis verschlechtert sich z. B. für ein Land, wenn die Exportpreise fallen und die Importpreise steigen oder die Exportpreise langsamer steigen als die Importpreise.

Tornado (Seite 26)
Wirbelsturm in Nordamerika, der sich durch das Aufeinandertreffen warmer und kalter Luft bilden kann.

Tropische Hölzer (Seite 69)
Hölzer des tropischen Regenwaldes, die wegen ihrer Härte, der Farbgebung und gleichmäßigen Maserung besonders gefragt sind (z. B. Limba, Mahagoni, Teak, Palisander, Bongossi und andere).

UNESCO-Welterbestätten (Seite 88)
UNESCO-Welterbestätten sind Kultur- oder Naturstätten von außergewöhnlicher Bedeutung für die gesamte Menschheit. Sie sind von der UNESCO als besonders erhaltenswert eingestufte Weltkulturgüter und Naturdenkmäler, die deshalb in die Liste der Welterbestätten aufgenommen wurden.

Verstädterungsgrad (Seite 72)
Unter dem Grad der Verstädterung versteht man den prozentualen Anteil der städtischen Bevölkerung an der Gesamtbevölkerung eines Landes. Ist der Verstädterungsgrad in einem Gebiet hoch, so ist auch der Anteil an Städten in diesem Gebiet hoch.

Vertrag von Tordesillas (Seite 52)
Im Vertrag von Tordesillas von 1494 wurde der Einflussbereich der damaligen Kolonialmächte Spanien und Portugal festgelegt. So sollte ein Krieg verhindert werden. Von einer erdachten Linie entlang des 46. Längengrades/West aus gehörte das Land westlich davon Spanien (große Teile Mittel- und Südamerikas), östlich davon Portugal (darunter der östliche Teil des heutigen Brasilien, Seeweg nach Indien entlang der afrikanischen Küsten).

Verwitterung (Seite 22)
Zerfall von Gesteinen an der Erdoberfläche unter Einwirkung physikalischer und chemischer Kräfte. Die Verwitterung ist die Voraussetzung für die Abtragung und beeinflusst damit wesentlich die Formung der Erdoberfläche, außerdem lockert sie diese und ermöglicht somit die Bodenbildung.

Politische Karte Nord- und Südamerika

Bildquellenverzeichnis

Affordable Housing Institute, Boston, MA: 77 M6 (© 2005 David A. Smith, used with permission); akg-images, Berlin: 58 M1; alamy images, Abingdon/Oxfordshire: 16 M3 (CharlineXia Ontario Canada Collection), 85 M8 (National Geographic Image Collection/Carrie Vonderhaar/Ocean Futures Society); Alliance for Responsible Mining ARM, Antioquia: 66 M3 (Ronald de Hommel); Bräuer, Kerstin, Leipzig: 92 M1, 93 M4; Corbis, Berlin: Titel (Steve Boyle), 38 M1 (Hamilton Smith); Demmrich, André, Berlin: 54 M2, 58 M2, 74 M1; DLR Deutsches Zentrum für Luft- und Raumfahrt, Weßling, OT Oberpfaffenhofen : 4 u.; dreamstime.com, Brentwood: 10 M1 Kinder (Angela Ostafichuk), 36 M1 o.re. (Juan Manuel Robledo), 36 M1 u.re. (Wavebreakmedia Ltd), 43 M6 (John Crongeyer), 52 M1 (Kobby Dagan), 60 M3 (Adeliepenguin), 61 M5 re. (Adeliepenguin), 84 M2 (Andrew Buckin), 89 M2 (Dean Riley); Eyferth, Konrad, Berlin: 5 o.; Folhapress, BRA-São Paulo: 75 M3; Ford-Werke GmbH, Köln: 34 M2; fotolia.com, New York: 10 M1 Karneval (Jerome Dancette), 17 M7 (Natalia Bratslavsky), 27 M3 (Minverva Studio), 32 M1 li. (contrastwerkstatt), 32 M1 re. (foto Arts), 38 M2 li. (Klaus Heidemann), 55 M4 (Juulijs), 57 M5 (Urbanhearts), 64 M1 (Nataly Gor), 80 (ykumsri), 86 M1 Logo (Flavijus Piliponis), 88.1 (hotshotsworldwide), 95 M6 (Stocksnapper), 97 M3 d (chris74), 99 M6 Foto (Eskymaks), 105 m.li. (st-fotograf); Gerster, Georg , Zumikon: 12 M2; Getty Images, München: 30 M1 (Daniel Acker/Bloomberg), 50 M1 (John Moore), 71 M4 (AFP/Antonio Scorza); Globe Cartoon/www.globecartoon.com, Geneva: 51 M4 (© Chappatte in „NZZ am Sonntag", Zürich); Grabowski, H., Münster: 91 M4; Herzig, Reinhard, Wiesenburg: 88.2; Image & Design - Agentur für Kommunikation, Braunschweig: 6 o., 105 m.re., 105 m.re., 105 m.re.; iStockphoto.com, Calgary: 10 M1 Brücke (franckreporter), 10 M1 Lamas (Kirill Trifonov), 17 M6 (Natalia Bratslavsky), 21 M4 (photoquest7), 24 M1 (Figure8 Photos), 24 M2 (Parker Deen), 28 M1 und M2 (pawel.gaul), 32 M1 m. (nycshooter), 36 M1 o.li. (CelsoDiniz), 36 M1 u.li. (photosbyjim), 38 M2 re. (Stuart Monk), 41 M3 m. (mjbs), 41 M3 re. (zxcynosure), 42 M1 (MattGush), 44 M3 (Lingbeek), 47 A (mvp64), 47 B (Tokarsky), 47 D (r_drewek), 47 E (pawel.gaul), 50 M3 (chapin31), 56 M1 (photo-phinish), 56 M2 (sara_winter), 57 M6 (Edu Leite), 62 M4 (hadynyah), 72 M1 (abalcazar), 76 M1 (Claudiad), 77 M10 (daniel_tdr), 82 M3 (Anouk Stricher), 95 M3 (Dusty Pixel), 104 u. (KatarzynaBialasiewicz); JohnNelsonIDV / http://luxblog.idvsolutions.com: 27 M2; Klohn, Werner, Vechta: 47 C; laif, Köln: 87 M3 (B & C Alexander/Arcticphoto), 87 M6 (Arcticphoto); NASA, Houston/Texas: 26 M1, 44 M1; NASA Headquarters, Washington, DC: 10 M1 NASA; National Geographic Magazine, USA: 84 M3 (George R. King); NOAA - National Oceanic & Atmospheric Administration, Washington: 25 M3; Norte Energia S.A., Brasilia/DF: 70 M1; Panther Media GmbH (panthermedia.net), München: 74 M2 (lazyllama); Picture-Alliance, Frankfurt/M.: 55 M3 (United Archives/DEA PICTURE LIBRARY/G. Dagli Orti), 68 M1 (dpa/Grimm), 81 u. (dpa/Mati Remes); Reutemann, Simone, Leipzig: 10 M1 Canyon; Reuters, Berlin: 86 M1 Foto (Chris Wattie); Schönauer-Kornek, Sabine, Wolfenbüttel: 60 o. ff, 105 o., Vorsatz vorn; SeaTops, Neumagen-Dhron: 81 o.; Sebald, Martin / www.sebald.com, Esslingen: 10 M1 CAX, 10 M1 SAA; Shutterstock.com, New York: 8/9 (Richard Semik), 10 M1 Skyline (meunierd), 10 M1 Wasserfall (Eduardo Rivero), 12 M1 (Everett Collection), 17 M5 (Jon Bilous), 18 M1 (Jim Parkin), 20 M1 (Sergei A. Tkachenko), 22 M1 (Jason Patrick Ross), 40 M1 (Amy Nichole Harris), 42 M3 (spirit of america), 43 M4 (Monkey Business Images), 48/49 (LaiQuocAnh), 55 M5 (Jess Kraft), 61 M5 li. (Chris Jenner), 62 M3 (Chris Howey), 63 M5 (Eduardo Rivero), 73 M4 (lazyliama), 76 M3 (Catarina Belova), 88.3 (Terry W. Ryder), 89.4 (Wildnerdpix), 89.5 (Jon Bilous), 89.6 (francesco de marco), 90 M1 (Kenneth Keifer), 94 M1 (Korshenuk), 97 M3 a (Pete Burana), 97 M3 b (bonga1965), 97 M3 c (Burdika); Silis-Hoegh, Ivars, Qaqortoq: 85 M4; terre des hommes Deutschland e.V., Osnabrück: 63 M7 (Kovermann); TransFair e.V., Köln: 98 M1 (Barbara Dünkelmann), 99 M6 Logo; Waldeck, Winfried, Dannenberg: 41 M3 li.; wikipedia.org: 10 M1 Indianer (Escapedtowisconsin); Yanomami-Hilfe e.V., Blumenthal: 67 M6.

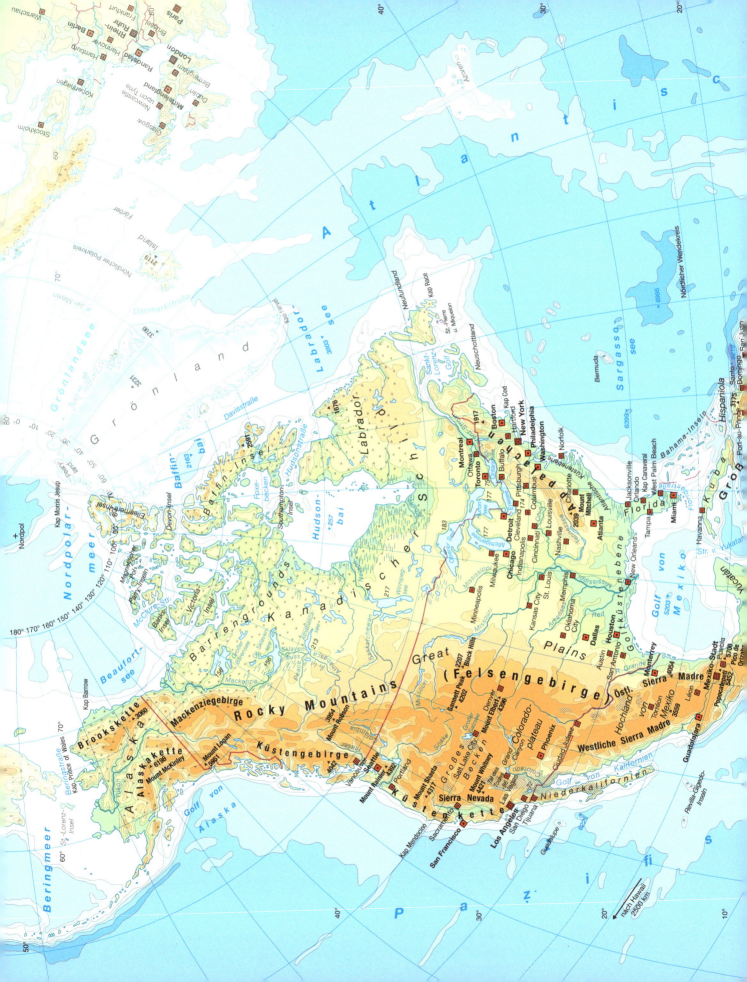